ANÁLISE SEMÂNTICO-PRAGMÁTICA DE CONCEITOS NA TRIBUTAÇÃO DO METAVERSO

CIP-BRASIL. CATALOGAÇÃO NA PUBLICAÇÃO
SINDICATO NACIONAL DOS EDITORES DE LIVROS, RJ

Souza, Cecilia Priscila de
Análise semântico-pragmática de conceitos na tributação do metaverso / Cecilia Priscila de Souza. -- São Paulo : Editora Noeses, 2024.

196 p. ; 23 cm.
Inclui bibliografia
ISBN 978-85-8310-178-9

1. Direito digital 2. Direito tributário 3. Realidade virtual I. Título.

23-180539 CDU: 34:004

Tábata Alves da Silva - Bibliotecária - CRB-8/9253

Priscila de Souza

Doutora em Direito Tributário pela PUC/SP. Mestre em Direito pela PUC/SP. Graduada em Direito pela Universidade Cruzeiro do Sul (SP). Coordenadora Nacional do IBET.

ANÁLISE SEMÂNTICO-PRAGMÁTICA DE CONCEITOS NA TRIBUTAÇÃO DO METAVERSO

2024

editora e livraria
NOESES

Copyright © Editora Noeses 2024
Fundador e Editor-chefe: Paulo de Barros Carvalho
Gerente de Produção Editorial: Rosangela Santos
Arte e Diagramação: Renato Castro
Revisão: Georgia Evelyn Franco
Designer de Capa: Aliá3 - Marcos Duarte

Data de atualização: 08/11/2023

2024

editora e livraria
NOESES

Editora Noeses Ltda.
Tel/fax: 55 11 3666 6055
www.editoranoeses.com.br

AGRADECIMENTOS

Este livro é resultado de um processo longo (e doloroso) do doutorado. Após ser submetida à banca examinadora em 25 de setembro de 2023, pude ajustar alguns pontos e trazer um texto um tanto mais maduro por poder contar com a avaliação de um grupo de professores que são verdadeiras inspirações acadêmicas.

Escrever é um trabalho solitário, mas todo o contexto que envolve o processo não: ele é repleto de outros textos, representados por aqueles que nos inspiram, encantam. Outro trabalho mereceria ser escrito por cada um desses meus textos, que com a magia da intertextualidade, deixam aqui suas marcas.

A começar pelo meu orientador, o Professor Paulo de Barros Carvalho. Homem de tantas virtudes que merecem destaque, fez e faz a diferença na minha trajetória com sua sabedoria, demonstrada em todos os seus gestos. Disse-me a hora de iniciar; incentivou-me a continuar e esteve ao meu lado, para então concluir esse processo.

À minha banca, formada por Robson Maia Lins, a quem nunca poderei agradecer por todo o apoio; generosidade é sua marca, sempre guiando e encorajando aqueles à sua volta, aquele que me puxou a orelha quando esqueci do *Silvio Meira* e de sua teoria sobre a realidade *figital* (devidamente incluídos nesta versão do texto); Thiago Lopes Matsushita, amigo querido e de coração nobre, entusiasta desse projeto e que me fez relembrar do tamanho das coisas; sem isso talvez me faltasse energia; Denise Lucena Cavalcante, uma verdadeira potência geradora de conhecimentos, que soma, multiplica e distribui tudo quanto adquire, e Karem Jureidini Dias, uma das pessoas mais inteligentes que já conheci, me trouxe paz de espírito; acreditou e me fez acreditar que seria possível.

Estudar é momento de reflexão, momento de ir além do texto que se estuda. É fazer recortes e inserções. É momento de reconhecer os motivos que nos levaram ao ponto onde estamos, e poder compartilhar isso com amigos é fundamental. Agradeço aos amigos que aqui nomeio e todos os outros presentes na minha vida:

Silvinha Zomer, não há palavras para descrever o que fez por mim. Seu olhar criterioso e disponibilidade sem limites me trouxeram até aqui. Seguiremos juntas, mesmo que seja no fim da fila.

À Betânia Costa, com o objetivo contínuo de tornar as coisas leves; Carla Gonçalves, que tem lupa nos olhos, me vê sempre maior que sou; à entusiasta e criteriosa Célia Murphy; à Christine Mendonça, aquela que só age pelo amor, cuja bravura me inspira; à Marcela Acquaro, aquela que me direciona, mantendo meus pés no chão; à Mirla Lofrano, que reza, acredita, torce até o infinito; à Priscila Menucci, tão especial e tão minha: minha família; e à Reimy Kawahara, a que me acolheu para a escrita final.

Aos ouvidos atentos e às palavras precisas de Camila Vergueiro, Íris Vania, Jacqueline Mayer, Leandro Artioli, Maria Ângela Padilha, Marília Carminatti, Pablo Gurgel, Nicodemos Dantas, Rodrigo Dalla Pria, Sílvia Piva e Taísa Reque.

Ao apoio de Amanda Oliveira, Bia Canalle, Fernando Favacho, Luiz Claudio Nogueira de Souza e Paulinha Porto, cada um ajudou como pôde e fez a diferença por aqui.

À Equipe do IBET, que sempre buscou diminuir o peso do fardo, com o compromisso de manter tudo em ordem, mesmo na minha ausência.

E por último, invertendo a ordem das coisas, agradeço à minha família, de pernas e patas, razão de ser da minha vida: Kim, minha metade mais doce e forte; Pai e Mãe, meu leme e meu lema; meus irmãos, para sempre meus bebês, Alam e Igor, e minhas irmãs postiças, Fê e Bia; a torcida e o apoio de vocês é combustível. E às minhas crianças do hoje e do ontem, que dão sentido à vida, com seu companheirismo e fidelidade nos dias e noites de estudo.

A vocês, muito obrigada!

O progresso é uma das leis da natureza. Todos os seres da Criação, animados e inanimados, estão submetidos a ela pela bondade de Deus, que deseja que tudo se engrandeça e prospere.

(Santo Agostinho)

Ao Professor Paulo de Barros Carvalho,
meu mentor na academia e na vida.

LISTA DE ABREVIATURAS

Anatel – Agência Nacional de Telecomunicações
BEPS – Base Erosion and Profit Shifting
CIDE – Contribuição de Intervenção no Domínio Econômico
CP – Código Penal
CFRB – Constituição Federal da República do Brasil
CTN – Código Tributário Nacional
ICMS – Imposto sobre a Circulação de Mercadorias e Serviços
IMEI – *International Mobile Equipment Identity*
IR – Imposto sobre a Renda
ISS – Imposto sobre Serviços
IoT – *Internet of Things*
LC – Lei Complementa
MEI – Microempreendedor Individual
NFT – *Non-Fungible Token*
RFB – Receita Federal do Brasil
SaaS – Software-as-a-Service

PREFÁCIO

Priscila de Souza é a autora do texto inovador e sumamente instigante que tenho a satisfação de apresentar à comunidade jurídica nacional. Sua pesquisa ingressou nesse mundo de história recente, cercado, portanto, de imensas e complexas dificuldades, estimulada pela vibração daquilo que poderíamos chamar de "necessidade intuitiva" de ingressar num território inteiramente novo, povoado de curiosas relações e de excêntricas entidades, mas banhado sempre pela claridade intensa do interesse universal. Sobre essa região, cuidadosamente circunscrita, a Professora tece camadas de reflexões e apurados pensamentos que lhe permitem movimentar-se, com agilidade, para surpreender, fixar e estabelecer caminhos estratégicos voltados à sistematização de processos cognoscentes, no que tange aos anseios tributários do Estado brasileiro.

Recordemos, porém, que conhecer é reduzir complexidades, estruturando-as. É produzir enérgica e radical seleção no âmbito da multiplicidade interminável de aspectos que envolvem o *factum*, seja no domínio do real-social, como na região ôntica dos objetos ideais, tudo para recolher apenas alguns traços, alguns momentos que venham sotopor-se aos critérios dos conceitos estipulados. Conhecer é aproximar-se, avizinhar-se o sujeito cognoscente do objeto que pretende perceber, sentir, entender, compreender, capturar mediante atos próprios de sua intuição sensível ou de sua mente, em ordem de reflexão, naturalmente preparado o agente com os instrumentos eficazes do aparato da consciência, não só para enfrentar as dificuldades inerentes ao projeto de aproximação, mas, sobretudo, para imprimir-lhe o rendimento final que se expressa na apreensão dos conteúdos semânticos ínsitos à matéria observada ou pensada.

Agora, é importante assinalar a distinção entre o ato do conhecimento, seu resultado imediato e o conteúdo significativo que dele se extrai. Uma coisa é o ato de lembrar-se; outra, seu resultado que é a lembrança; e outra ainda é a matéria ou situação, ou objeto colhidos como resultado. Em outras palavras, são o ato, o resultado do ato e o conteúdo semântico do ato. As características sintáticas já adiantam a indicação: o ato é sempre representado por um verbo no infinitivo; o resultado, por um substantivo; e o conteúdo por enunciado descritivo (nome simples ou expressão que lhe faça as vezes). Só para avivar a lembrança, Edmund Husserl chama o ato de *noeses* e o conteúdo semântico de *noema*.

Voltemos, porém, ao texto, muito bem escrito, aliás, pela Professora Priscila de Souza. Creio que nele podemos perceber a busca incessante de um trabalho adequado aos propósitos de uma tese de doutorado. Senão, vejamos: a) o título é claro, no que concerne aos objetivos pretendidos – *Análise semântico-pragmática de conceitos para a tributação do Metaverso* -; b) os pressupostos, como fundações axiomáticas estão bem estabelecidos, firmando os pontos de partida para o desenvolvimento da obra; c) as hipóteses levantadas, sugeridas como propostas a serem discutidas e estruturalmente montadas se ligam às ulteriores conclusões; d) a organização dos argumentos, isoladamente ou em blocos, procura a almejada consistência, tendo em vista o convencimento final do leitor; e) os assomos de coerência lógico-sintática foram insistentemente perseguidos, circunstância que dá ao livro estabilidade e clareza de propósitos; f) os argumentos utilizados pela Autora dirigem-se sempre, direta ou indiretamente, ao núcleo central do trabalho, o que equivale a dizer "não estarem dispersos, soltos, desvinculados dos objetivos desejados", havendo, portanto, coesão; e g) as conclusões são assertóricas, como se espera que sejam.

Mesmo assim, cumpre acentuar que tais peculiaridades dizem respeito ao "texto ideal", ao suporte físico da linguagem escrita que satisfaz aos critérios básicos de construção do modelo a ser seguido e, bem sabemos, o mundo ideal é da ordem do intangível, do inefável, não ganhando jamais a concretude dos objetos da experiência. Ainda assim, aquilo que identifico no livro da Autora é a busca incansável pela "realização" desses valores.

Além disso, cabe dizer que a turbulenta realidade em que vivemos está em constante mutação, crescendo e se expandindo para todos os lados, o que representa iterativo desafio às nossas concepções. Em todos os setores do saber humano, novos objetos vão surgindo a cada passo, o que exige grande esforço de adaptação. As aceleradas mudanças provocam reações em cadeia e o aumento no volume das novas edições dos dicionários, tanto os da Língua Portuguesa, quanto os técnico-jurídicos, para dar singelo exemplo, é algo de que podemos nos certificar a qualquer tempo.

No caso presente, o Metaverso é o que temos de mais atual. A multiplicidade das relações que se estabelecem nesse espaço virtual provoca a atenção e o interesse, em particular do Estado brasileiro, tendo em vista disciplinar juridicamente as relações intersubjetivas para fins tributários. Eis a razão de ser deste estudo empreendido pela Professora Priscila de Souza que, além de mestre e de doutora em

Direito, é a Coordenadora Geral dos cursos do IBET – Instituto Brasileiro de Estudos Tributários, para todo o Brasil.

É com apreço e admiração, pois, que subscrevo o presente prefácio.

São Paulo, 12 de novembro de 2023.

Paulo de Barros Carvalho

Professor Emérito e Titular da Faculdade de Direito da USP
e da Faculdade de Direito da PUC/SP. Membro Titular da
Academia Brasileira de Filosofia. Presidente do IBET.

SUMÁRIO

PARTE I

DEFINIÇÃO DE CONCEITOS: A SEMÂNTICA

PARTE II

APLICAÇÃO DE CONCEITOS: A PRAGMÁTICA

INTRODUÇÃO

A sociedade está em constante evolução.

A partir dessa afirmativa, as investigações epistemológicas poderiam caminhar para os mais diversos campos. Da biologia, com a percepção de que os corpos são constantemente adaptados às experiências vivenciadas, ao impacto do desenvolvimento tecnológico na comunicação entre sujeitos, há uma infinidade de temas que se desdobram. O objetivo aqui, entretanto, se resume a uma questão bem específica em toda essa vastidão: definir conceitos fundantes para que se possa falar em tributação decorrente da inovação tecnológica que cria espaços virtuais – representativos de realidades físicas ou não – como forma de estabelecer novas relações.

O surgimento desse novo espaço virtual nomeado de Metaverso, onde se pretende implementar formas de comunicação, equivalentes (ou não) àquelas encontradas em uma sociedade comum, implica a expansão dessa sociedade e, por consequência, no reconhecimento de indivíduos, relações, direitos e deveres que merecem regulação, tendo por finalidade a manutenção das condições de convivência. É aí que o Estado entra para reconhecer e estruturar essa ampliação social e, em específico, implementar, ali onde for possível, a tributação das manifestações de riqueza que se apresentem para *patrocinar* o próprio Estado.

Como se trata de ambiente criado por meio da evolução tecnológica, faz-se necessária especial atenção para determinar quais noções e definições jurídicas podem ser aproveitadas e quais situações não prescindem de novos regramentos.

Caminhando com foco nos temas de impacto tributário, é possível encontrar manifestações de riquezas de particulares e sobre elas fazer a análise sobre se podem ser consideradas análogas àquelas presentes no dia a dia da sociedade física, como a compra e venda de ativos, a prestação de serviços ou o ganho de capital obtido das operações com moedas digitais, e então discutir se o Sistema Jurídico atual é suficiente para incidir sobre essas novas realidades.

Além disso, onde há pessoas físicas e jurídicas sujeitas às regras do Direito ao qual corresponde seu domicílio/estabelecimento ou aquele onde tiver praticado a ação, conforme a norma tributária estabelecer na vida real, haverá a necessidade de determinar como deverá acontecer no mundo virtual.

Para realizar essa análise, mostra-se necessário percorrer um caminho que vai do estabelecimento de premissas – espaço utilizado para apresentar em que bases metodológicas o raciocínio está firmado – ao momento tecnológico atual com a criação de comunidades virtuais e seus impactos na tributação, passando por conceitos jurídicos e ou fundantes, justificando, assim, uma tomada de posição para, então, levantar um panorama histórico-evolutivo desses termos. É o caso, portanto, de compreender os desdobramentos dessas novas relações trazidas pela fase tecnológica atual que o Direito busca reconhecer e regular.

Imperioso assumir a complexidade técnica desse tema, seja por se tratar de uma novidade no campo das relações sociais, seja pela constante evolução tecnológica em torno de todo esse novo ambiente, dificultando sobremaneira o acesso dos profissionais de outras áreas nesse novo mundo.

Compreender as similaridades e as discrepâncias existentes entre aquilo que já existe e todas as relações inovadoras surgidas com o novo ambiente é o ponto de partida para determinar se há a necessidade de criação de um novo suporte jurídico regulador dessas condutas do porvir e aquelas sujeitas à analogia de tratamento pelo Direito posto, conforme previsão do art. 108, I, do CTN, caso de não haver comando legal expresso, pois não há como conceber que à época da criação do Código, ou mesmo de sua recepção pela Constituição vigente, se teria ideia desse quadro tecnológico que está sendo vivido atualmente.

E é exatamente por esse motivo que é realizada a análise dos conceitos para compreender a forma como estão sendo tratados, se é oriunda da evolução, ou se a tecnologia, aqui em específico, inovou a realidade a ponto de nosso Sistema Jurídico atual não conseguir alcançá-la, mesmo quando a situação analisada seja intitulada como *prestação de serviços, compra e venda de uma propriedade* ou mesmo *remuneração pelo trabalho.*

Importante salientar que esse desafio não foi inaugurado pelo Metaverso, pois o surgimento das moedas virtuais trouxe um formato de manifestação de riqueza totalmente novo e desvinculado de uma pátria geograficamente localizada.

A partir daí, pode-se analisar também possíveis elos territoriais de criadores e participantes do Metaverso, para aplicação das correlatas regras de convivência, ou seja, para determinar qual(is) o(s) Sistema(s) Jurídico(s) regulador(es) e, no caso brasileiro, como já havia sido anunciado, considerar se é possível o aproveitamento desse(s) sistema(s) vigente(s) para incidir sobre as condutas surgidas. O que seria tributado: o evento acontecido no Metaverso ou a riqueza acrescida no mundo real (aferível pela quantidade ou valorização das moedas virtuais), no *ingresso* e/ou no *retorno* desse ambiente virtual?

Uma previsão legislativa tem-se mostrado cada vez mais necessária para determinar os limites das relações jurídicas que podem se estabelecer nesse novo ambiente, no intuito de garantir o bem dos indivíduos, para inclusive estimular investimentos e novos negócios. Sabe-se, entretanto, que o direito persegue a realidade social; com isso, há a necessidade de que primeiro as relações aconteçam entre sujeitos, fora do ambiente normativo, para, então, haver uma observação da realidade social pelos sujeitos habilitados a exercer essa função e proceder a atos de fala de inovação jurídica, criando normas para regular essas condutas dentro de padrões que respeitem os valores da sociedade. Considerando a incipiência das situações ocorridas nesse ambiente virtual, necessária se mostra a regulação das novas condutas.

Porque, mesmo que essa observação conclua pela equiparação dos conceitos já utilizados na escolha das manifestações de riqueza passíveis de tributação pelo Estado, ao menos outras duas empreitadas se mostram necessárias em determinar: (i) competências e (ii) definição do conceito de *pessoa* e os limites da responsabilidade desse sujeito. Seria como o uso de conceitos que o mundo virtual toma de empréstimo da realidade física para constituir sua própria realidade.

Assim, a relevância jurídico-acadêmica fica patente com relação ao tema ora desenvolvido, tendo em vista a constante expansão dessas novas realidades, abrindo espaço para um sem-número de possibilidades de novos conceitos e relações jurídicas, capazes de despertar o interesse (e a necessidade) de implementar regras que atendam à manutenção dos valores de uma sociedade. Essa construção somente se mostra possível a partir da análise de conceitos estritamente ligados a esse processo e à própria instituição do Metaverso.

Para realizar a análise de todo esse contexto, é que uma estrutura foi construída de modo a percorrer os pontos-chave desse processo, iniciado pelo método de aproximação do objeto, pelo Constructivismo Lógico-Semântico, tendo como pano de fundo o Culturalismo e a Semiótica, abordados no capítulo 1, depois da exposição do contexto histórico do avanço tecnológico pós-pandemia.

Inaugurando a parte semântica do trabalho, faz-se a abordagem do conceito reconhecendo o papel da linguagem em tudo o que pode ser conhecido, passando pelo tema da conceitualidade no capítulo 2, tratando sobre o que é um conceito, como se forma e sua importância dentro de um determinado jogo de linguagem científica.

O capítulo 3 traz as questões sobre o Direito que se mostram fundamentais para a abordagem do tema em específico, responsável por especificar em que sentido se utiliza o termo. O seguinte vai tratar dos conceitos fundantes desse Direito; o ambiente em que os capítulos 4 e 5 ingressam nas temáticas específicas do trabalho, determinando o conceito de *Direito* e cotejando alguns dos termos necessários para se tratar de tributação, já que inerentes à noção de sociedade, Estado, com o objetivo de verificar se os sentidos/definições neste ambiente se equiparam àqueles empregados na realidade física e o próprio conceito de *Metaverso* e o modo como se apresenta e se organiza, para determinar a presença de uma expansão social sujeita à regulação jurídica.

O capítulo 6, por fim, se constitui de uma abordagem pragmática dos conceitos, analisando o modo como o sistema jurídico constrói seus conceitos e os atualiza nas decisões judiciais, bem como os conceitos têm sido administrados na construção de normas que tangenciem o tema da tributação das novas tecnologias, especialmente aquelas que podem atingir o Metaverso.

PARTE I

DEFINIÇÃO DE CONCEITOS: A SEMÂNTICA

A formação de um repertório conceitual decorre de experimentação e de sucessão temporal. Depende do modo como um povo se comporta diante dos conceitos e como eles representam situações, coisas, sentimentos, de tal modo que a análise de conceitos dentro de um determinado campo de interesse se mostra fundamental para conhecer seu objeto.

1. BASES HISTÓRICAS E EPISTEMOLÓGICAS

As noções mais remotas de filósofos e pensadores estruturavam a verdade como algo que pudesse revelar o sentido real e unívoco do objeto. Conhecer era compreender a essência de algo, como se ela pudesse ser atingida por um elo entre intérprete e seu objeto de estudo. Assim, as ideias surgiam dessa aproximação, uma relação diádica e objetiva: dependiam exclusivamente do próprio objeto e do que sua verdade emanava, de modo que todo sujeito que entrasse em contato com aquele objeto teria, infalivelmente, as mesmas ideias sobre ele.

Esse raciocínio perdura – ainda que de forma mais tímida – até os tempos atuais, inclusive com a chancela da legislação vigente, quando podem ser vistos defensores da interpretação literal, onde cada termo tem um sentido intrínseco e ontológico, e, conhecendo-se esse sentido, é possível conhecer o comando ao qual ele se refere, como se pode exemplificar com o art. 111 do Código Tributário Nacional.[1]

A leitura do artigo citado pode levar os mais desavisados à ideia de que é possível dizer que os conceitos trazidos nos três incisos são tão claros que não haveria a possibilidade de interpretações divergentes sobre eles. Ocorre, entretanto, o oposto disso: antes mesmo de se poder determinar o que seja suspensão ou exclusão, há divergência do que se pode representar por crédito tributário. Seria ele o direito do sujeito ativo de uma relação jurídica tributária? Seria o valor representativo do montante desse direito? Seria a relação conversa do dever do sujeito passivo em entregar ao sujeito ativo certa quantia? Muitas possibilidades se apresentam para o referido conceito, a depender do enfoque que se pretenda dar a ele, a depender do contexto.

Como se pode notar a verdade nada tem de ontológica; não é possível dizer que há significados de base, sentidos exclusivos que atingem a compreensão do intérprete como que num processo meramente físico e não valorativo. Conhecer é processo subjetivo, desenvolvido pela construção de sentido que um sujeito faz acerca de um objeto, dentro de um contexto, conduzido por um sistema de referência.

Isso porque conhecer é ter a capacidade de falar sobre o objeto analisado, de modo que não importa se físico ou virtual, algo só existe se puder ser tratado por meio de linguagem, e

1. "Art. 111. Interpreta-se literalmente a legislação tributária que disponha sobre:
I - suspensão ou exclusão do crédito tributário;
II - outorga de isenção;
III - dispensa do cumprimento de obrigações tributárias acessórias" (BRASIL. Presidência da República. Lei nº 5.172, de 25 de outubro de 1966. Código Tributário Nacional. Dispõe sobre o Sistema Tributário Nacional e institui normas gerais de direito tributário aplicáveis à União, Estados e Municípios. *Diário Oficial da União*, seção 1, p. 12452, 27 out. 1966).

a linguagem tem a função de promover a comunicação entre os sujeitos, ela é social.[2] Daí a afirmação que "toda a filosofia moderna, se transformou na pergunta pelas condições de possibilidade de sentenças intersubjetivamente válidas a respeito do mundo",[3] pois na comunicação intersubjetiva é que se objetivam os conceitos, por meio do consenso.

Esse consenso se justifica porque, para que os sujeitos se comuniquem é preciso haver escolhas sobre quais palavras representarão tais objetos numa determinada língua, por exemplo. Para uma comunicação efetiva é fundamental que se determine em que sentido uma palavra está sendo usada, e esse sentido é contextualizado no sistema de referência aludido.

A partir dessas convenções, é que são formadas as convicções e ideias do intérprete, dentro de uma comunidade de discurso, pois são elas que estabelecem a forma como se enxerga o mundo.

O real não precede a linguagem; é por ela constituído. O acesso ao que existe somente é possível por meio de linguagem, pois é ela que eterniza as situações. Todo evento que ocorre e não é relatado em linguagem não pode ser conhecido, pois se perde no tempo e no espaço.

É a linguagem a representação ideológica do real, do fenomênico, pois representa a capacidade do homem em comunicar ideias, sentimentos e relatos. Assim "a linguagem não manifesta o real, mas o significa, isto é, ela não é um instrumento natural da designação, mas apenas o convencional".[4]

---

2. A comunicação requer linguagem e a linguagem se apresenta por meio de conceitos; "[...] conceitos não estão no mundo como os objetos, por isso a pergunta de se existe determinado conceito não é uma pergunta empírica, mas uma pergunta lógica" (OLIVEIRA, Manfredo Araújo de. *Reviravolta Linguístico Pragmática na Filosofia Contemporânea.* 3. ed. São Paulo: Loyola, 2006, p. 55).

3. *Ibid.*, p. 13.

4. OLIVEIRA, Manfredo Araújo de. *Reviravolta Linguístico Pragmática na Filosofia Contemporânea.* 3. ed. São Paulo: Loyola, 2006, p. 29.

Enunciados se referem sempre a outros enunciados; por esse motivo, há não apenas o desafio de compreender o sentido em que se utiliza um texto, mas também consequente da transitoriedade na maneira como um objeto é tratado ao longo do tempo (e mesmo tomando em conta espaços sociais diferentes). Assim, enunciados iguais podem referir realidades diferentes, bem como enunciados diferentes podem referir-se a um mesmo objeto.

"A teoria do conhecimento é, fundamentalmente, uma teoria da tradução. É uma pesquisa das regras que regem as diferentes camadas linguísticas, e das relações, semelhanças e diferenças entre essas regras".[5] Assim, o uso dos conceitos é o uso da tradução. É pelo manejo de conceitos que se constrói discursos.

Exemplos como mercadoria, serviço, moeda, casamento, comunicação..., todos eles utilizados pelo Direito, se modificam ao longo da história, sendo capazes de abarcar uma extensionalidade maior ou até mesmo rumar para outros campos, representando objetos e situações muito diferentes daquelas obtidas no passado. Por esse motivo é que a língua se renova e se mantém viva pelo uso. Como objeto social que é, faz parte da rotina social e, com isso, se mantém atualizada sempre.

Há, entretanto, outro desafio no uso da linguagem, além das barreiras históricas: a da evolução tecnológica. Em virtude disso, a maneira como os conceitos são definidos e compreendidos tem sido impactada. Conceitos como *comunicação*, *identidade* e *relação* têm sido repensados e redefinidos.

A comunicação, por exemplo, mudou com o avanço das tecnologias. No passado, as comunicações eram exclusivamente analógicas, muitas vezes intermediadas por um *delay*, que atrapalhava o acompanhamento dos eventos

5. FLUSSER, Vilém. Teoria da tradução como teoria do conhecimento. *Revista Brasileira de Filosofia*, São Paulo, v. 13, n. 49, p. 404-410, set. 1963, p. 410.

(uma correspondência enviada a outro país poderia levar semanas até chegar ao seu destino) e muitas vezes não havia alternativas que garantissem o sucesso dessas comunicações. Atualmente, a comunicação é instantânea e global, pois não se submetem às barreiras geográficas e temporais em virtude do uso das tecnologias.

Já o conceito de *identidade* tem sido influenciado pela facilidade com que as pessoas podem criar e gerenciar múltiplas identidades *on-line*. Antes mesmo do surgimento do Metaverso, as pessoas já podiam se multiplicar, criando inúmeras identidades para acessos às redes sociais.

Assim, a evolução tecnológica tem forçado a sociedade a repensar conceitos e sua aplicação em virtude da expansão de possibilidades trazidas pelas novas tecnologias. Isso porque o conceito de *indivíduo*, sujeito apto a compor relações no mundo físico, pode estar também presente nas relações contidas no mundo virtual e a análise das características em comum entre essas duas figuras é essencial para se encaixarem no mesmo conceito.

Daí o uso do Constructivismo Lógico-Semântico como referencial metodológico: é a partir dele que se pode estabelecer algumas premissas que justificam todo o caminho, no intuito de desenvolver uma obra que se pretende rigorosa e original.

1.1 Evolução tecnológica em tempos de crise

É de conhecimento geral que os últimos anos têm sido marcados pela intensa descentralização das atividades econômicas e pela desmaterialização das interações sociais em nível global, como consequência da evolução dos mecanismos informáticos desenvolvidos para substituir e dinamizar o desempenho das funções humanas.

A invasão das tecnologias disruptivas nos relacionamentos contemporâneos e a consequente fragmentação das estruturas que – há até pouco tempo – disciplinavam as relações jurídicas sem gerar grandes controvérsias impuseram – de forma progressiva – a necessidade urgente de adaptação das regras vigentes aos novos modelos de negócios.

A crise humanitária e de saúde pública que assolou a humanidade em razão da pandemia do coronavírus em 2020 foi um marco de excepcional relevância para a aceleração do desenvolvimento tecnológico em todas as searas, tanto pela necessidade de adoção de medidas sanitárias emergenciais como para mitigar os efeitos sociais e econômicos do *lockdown*.

Como consequência desse pico de fortalecimento das estruturas de tecnologia, a mimetização entre os mundos físico e virtual impregnou os aspectos mais cotidianos da vida dos seres humanos, tornando ainda mais receptivo e conveniente o uso do Metaverso.

Sobre o assunto, a OCDE vem registrando, desde o Relatório sobre o Plano de Ação 1, exarado em 2015 no âmbito do Projeto BEPS - Erosão das Bases e Transferência de Lucros, intitulado "Addressing the tax challenges of the digital economy", que o ambiente virtual se tornou imersivo, a ponto de a *economia digital* se confundir com a própria economia em si, tornando-se difícil segregar uma da outra.

Assim, os desafios tributários relacionados à erosão das bases tributárias e transferência de lucros devem ser identificados a partir do exame das estruturas dos novos modelos de negócios e focando nas características-chave da economia digital, *in verbis*:

> As digital technology is adopted across the economy, segmenting the digital economy is increasingly difficult. **In other words, because the digital economy is increasingly becoming the economy itself**, it would be difficult, if not impossible, to ring-fence

> the digital economy from the rest of the economy. **Attempting to isolate the digital economy as a separate sector would inevitably require arbitrary lines to be drawn between what is digital and what is not.** As a result, the tax challenges and base erosion and profit shifting (BEPS) concerns raised by the digital economy are better identified and addressed by analysing existing structures adopted by MNEs together with new business models and by focusing on the key features of the digital economy and determining which of those features raise or exacerbate tax challenges or BEPS concerns, and developing approaches to address those challenges or concerns.[6]

Diante disso, a questão emergente é se a economia praticada no Metaverso será, igualmente, a própria economia, demandando uma abordagem tributária mais interligada com os novos modelos de negócios, superando as barreiras entre os domínios físico e virtual, isso porque os acordos de cooperação existentes entre os países têm se mostrado a chave de solução (e de prevenção) de inúmeros conflitos.

Basta notar a evolução de ferramentas de *IoT* em decorrência da pandemia da covid-19, as quais se tornaram verdadeiros mecanismos epidemiológicos de rastreamento e monitoramento do vírus, de inestimável importância

6. Tradução livre de: "À medida que a tecnologia digital é adotada em toda a economia, segmentar a economia digital está se tornando cada vez mais difícil. Em outras palavras, porque a economia digital está cada vez mais se tornando a própria economia, seria difícil, senão impossível, separar a economia digital do restante da economia. Tentar isolar a economia digital como um setor separado inevitavelmente exigiria traçar linhas arbitrárias entre o que é digital e o que não é. Como resultado, os desafios tributários e as preocupações com a erosão da base tributária e transferência de lucros (BEPS, na sigla em inglês) levantados pela economia digital são mais bem identificados e abordados através da análise das estruturas existentes adotadas pelas empresas multinacionais juntamente com os novos modelos de negócios e focando nas características-chave da economia digital e determinando quais dessas características levantam ou exacerbam os desafios tributários ou preocupações do BEPS, e desenvolvendo abordagens para lidar com esses desafios ou preocupações" (OECD. Organisation for Economic Co-operation and Development. Addressing the Tax Challenges of the Digital Economy, Action 1 - 2015 Final Report. OECD/G20 Base Erosion and Profit Shifting Project. Paris: OECD, 2015. Disponível em: https://www.oecd-ilibrary.org/docserver/9789264241046-en.pdf?expires= 1689426744&id=id&accname=guest&checksum=B5FF4204C3BFB4F7F1508 7AC7BDEE319. Acesso em: 20 jun. 2023).

para a compreensão do seu comportamento, para a realização de diagnósticos e para a criação de políticas públicas voltadas à contenção da disseminação sem a necessidade de exames clínicos.[7]

Com as tecnologias de IoT, foi possível monitorar a respiração, a saturação de oxigênio no sangue, a temperatura corporal, a obediência ao distanciamento social, entre outros dados da população de pelo menos cinco países (Alemanha, Brasil, Estados Unidos, Reino Unido e Singapura), possibilitando a identificação precisa das medidas de políticas públicas necessárias para conter a transmissão.

Singapura, por exemplo, onde houve alta adesão da população aos aplicativos de IoT destinados a *contact tracing*,[8] importantes para o controle e diagnóstico de doenças respiratórias e infecciosas, experienciou uma redução significativa da transmissão do SARS-CoV-2, de aproximadamente 41 novos casos diários em abril de 2020 para 8 casos diários no mês seguinte, após a descoberta de que a fase pré-sintomática era chave para a identificação da transmissão.[9]

---

7. LATERE REPRESENTANTE NEWARK. Maiores Contribuições da IoT para COVID-19 e Saúde. São Paulo, 11 fev. 2022. Disponível em: https://embarcados.com.br/iot-para-covid-19-e-saude/. Acesso em: 16 jun. 2023.

8. Rastreamento de contatos. "Rastreamento de contatos é o processo de identificar, avaliar e gerenciar pessoas que tiveram contato com alguém infectado pelo vírus COVID-19. O rastreamento de contatos e a quarentena dos contatos identificados por meio do rastreamento interrompem a transmissão entre as pessoas e são ferramentas essenciais de saúde pública para controlar o vírus. O rastreamento de contatos também pode ajudar as pessoas que têm maior risco de desenvolver doença grave a saberem mais cedo que foram expostas, para que possam receber atendimento médico mais rápido se desenvolverem sintomas" (WHO. World Health Organization. Coronavirus disease (COVID-19): Contact tracing. Genebra, 31 maio 2021. Disponível em: https://www.who.int/news-room/questions-and-answers/item/coronavirus-disease-covid-19-contact-tracing. Acesso em: 16 jun. 2023).

9. LAI, Linette. S'pore's Covid-19 circuit breaker measures have shown promise, could be further eased on June 1. The Straits Times. Singapore, 20 May 2020. Disponível em: https://www.straitstimes.com/singapore/ circuit-breaker-measures-have-shown-promise-could-be-further-eased-on-june-1. Acesso em: 13 maio 2020.

Conforme um estudo conduzido pelo Centro de Dinâmica de Doenças Transmissíveis da Universidade de Harvard,[10] Singapura chegava a detectar cerca de três vezes mais casos importados do que a média global, dada à vigilância epidemiológica e aos processos aprimorados de *contact tracing*. A habilidade do país em realizar tal rastreamento vem se aprimorando desde experiências anteriores com a crise da Síndrome Respiratória Aguda Grave (SARS) em 2003 e a disseminação da influenza H1N1 em 2009.[11]

A China também teve papel de destaque no emprego e tecnologia de alto nível para a gestão da pandemia, como fruto do Plano de Desenvolvimento de Inteligência Artificial, publicado em 2017, que conta com o investimento de cerca de 150 bilhões de dólares até 2030.[12] No contexto desse projeto, a empresa Alibaba, por exemplo, empregando técnicas avançadas de *Machine Learning* e *Deep Learning*, desenvolveu uma ferramenta baseada em IA capaz de realizar previsões sobre a propagação da covid-19, com precisão de 90%.[13]

Esse marco é importante para compreender em que contexto tecnológico o mundo se encontra, já tendo colhido os frutos das inovações disruptivas que se originaram e se aprimoraram sobremaneira nesse período, como é o caso do Metaverso.

---

10. NIEHUS, Rene; DE SALAZAR, Pablo M.; TAYLOR, Aimee R.; LIPSITCH, Marc. Estimating underdetection of internationally imported COVID-19 cases. Wellcome Open Research, London, v. 5, p. 143-154, 2020. Disponível em: https://www.medrxiv.org/content/10.1101/2020.02.13.20022707v1.full.pdf. Acesso em: 24 jun. 2023.

11. LAI, Sean Han Sheng; TANG, Camelia Qian Ying; KURUP, Asok; THEVENDRAN, Gowreeson. The experience of contact tracing in Singapore in the control of COVID-19: highlighting the use of digital technology. International Orthopaedics, London, v. 45, n. 1, p. 65–69, 2020. Disponível em https://www.ncbi.nlm.nih.gov/pmc/articles/PMC7666400/#CR28. Acesso em: 24 jun. 2023.

12. REUTERS. China revela plano para liderar inteligência artificial até 2025. *Revista Exame*. São Paulo, 20 jul. 2017. Disponível em: https://exame.com/tecnologia/china-revela-plano-para-liderar-inteligencia-artificial-ate-2025/. Acesso em: 23 jun. 2023.

13. BRETERNITZ, Vivaldo José. China usa inteligência artificial na luta contra a Covid-19. Medicina S/A. São Paulo, 27 jul. 2020. Disponível em: https://medicinasa.com.br/china-ia-covid/. Acesso em: 23 jun. 2023.

Em paralelo, a intangibilidade do fluxo de dados e a superação das fronteiras territoriais decorrentes da Era do Acesso[14] contribuíram para a simplificação e desburocratização da vida social, ao passo que enredaram, na mesma medida, o tratamento jurídico dado a essa nova ordem, sobretudo em virtude da ausência de compatibilidade entre os novos paradigmas e os conceitos até então adotados pelos instrumentos normativos.

A título exemplificativo, o estudo anual realizado pela Ocean Tomo[15] revelou que, atualmente, os ativos intangíveis (*e.g.*, propriedade intelectual) sejam responsáveis por cerca de 85% do valor das empresas constantes do ranking *Best Global Brands*, elaborado anualmente pela Interbrand.[16]

Essa sistemática própria da economia compartilhada,[17] marcada pela racionalização dos bens de consumo e pela desterritorialização[18] das operações econômicas, dificulta a identificação dos elementos de conexão que tornam possível a instauração do vínculo obrigacional entre o Estado e o contribuinte, promovendo fortes repercussões na seara tributária.

Uma das razões para tanto reside no fato de que as estruturas internacionais de repartição das competências

---

14. RIFKIN, Jeremy. *The Age of Access:* The New Culture of Hypercapitalism, Where all of Life is a Paid-For Experience. J.P. Hagerstown, MD: Tarcher; Putnam, 2001.

15. OCEAN TOMO. Intangible Asset Market Value Study. Xangai, 2018. Disponível em: https://www.oceantomo.com/intangible-asset-market-value-study/. Acesso em: 20 jun. 2023.

16. INTERBRAND. Best Global Brands 2019 Rankings. New York, 2020. Disponível em: https://www.interbrand.com/best-brands/best-global-brands/2019/ranking/. Acesso em: 20 jun. 2023.

17. BARRY, Jordan M.; CARON, Paul L. Tax Regulation, Transportation Innovation, and the Sharing Economy. *University of Chicago Law Review Dialogue,* Chicago, v. 82, p. 69-84, 2015.

18. BRIGAGÃO, Gustavo. Projeto Base Erosion and Profit Shifting (BEPS) e os desafios da tributação eletrônica internacional. *In:* TEIXEIRA, Alexandre Alkmim (coord.). *Plano BEPS*. Belo Horizonte: Fórum, 2019. p. 213-228, p. 226.

tributárias estão alicerçadas em elementos de conexão tradicionalmente atrelados à presença física das atividades econômicas, tais como o conceito de *residência* ou de *estabelecimento permanente*.

Esse contexto favorece o desenvolvimento de planejamentos tributários por companhias multinacionais cuja atividade independe da presença física nos países em que atuam e da propriedade de bens tangíveis, valendo-se da ausência de alcance das normas jurídicas internacionais às suas operações – e da consequente erosão das bases tributáveis (*double non-taxation*) – para driblar a tributação dos resultados positivos dos seus negócios.

De acordo com um estudo publicado pela *National Bureau of Economic Research,*[19] por meio dos referidos planejamentos tributários, aproximadamente 40% dos lucros obtidos pelas empresas multinacionais são transferidos para Estados com baixa ou nenhuma tributação sobre os ativos intangíveis.

Isso significa que os países que hospedam as subsidiárias de grandes empresas não arrecadam quase nenhuma parcela dos proveitos econômicos auferidos em seu território. É simples imaginar o impacto dessa sistemática aos cofres públicos se tivermos em conta que só a Uber, por exemplo, está presente em 70 países.[20] De fato, a Organização para a Cooperação e Desenvolvimento Econômico (OCDE) estima que os governos percam, anualmente, 240 bilhões de dólares, em virtude da erosão das bases tributárias.[21]

---

19. ZUCMAN, Gabriel; WIER, Ludvig S.; TØRSLØV, Thomas R. The Missing Profits of Nations. National Bureau of Economic Research, Massachusetts, 2020. Disponível em: https://www.nber.org/papers/ w24701.pdf. Acesso em: 15 jun. 2023.

20. UBER NEWSROOM. Fatos e Dados sobre a Uber. UBER: San Francisco, 27 ago. 2020. Disponível em: https://www.uber.com/pt-BR/newsroom/fatos-e-dados-sobre-uber/. Acesso em: 15 jun. 2023.

21. O'KEEFE, Brian; JONES, Marty. How Uber plays the tax shell game. *Fortune*. New York, 22 Oct. 2015. Disponível em: https://fortune.com/2015/10/22/uber-tax-shell/. Acesso em: 15 jun. 2023.

Ainda, considerando que as referidas companhias são responsáveis pela movimentação de quantias bilionárias, a elisão fiscal também tem consequências impactantes no plano da concorrência e da neutralidade tributária. Enquanto as *Big Techs,*[22] sozinhas, divulgaram um lucro líquido combinado de, aproximadamente, 28 bilhões de dólares no segundo trimestre de 2020,[23] inúmeras empresas que seguem modelos de negócios tradicionais perdem espaço no mercado, entre outras razões, pelos gastos com obrigações fiscais.

No caso do Metaverso não é diferente. Não faltam exemplos de fatos jurídicos praticados no espaço virtual em comento e que não geram consequências fiscais em razão da ausência de regulamentação e da dificuldade de fixação da competência tributária e da identificação do local de ocorrência do fato jurídico.[24]

Desde a pandemia da covid-19, grandes empresas têm se valido desse potencial espaço que se abre, estabelecendo canais de comunicação com seus clientes (e de outros tantos, potenciais).

O Relatório *Meet Me in the Metaverse,*[25] elaborado em 2022 pela Accenture Technology Vision, reúne alguns exemplos de operações verificadas em universos virtuais e

22. Amazon, Facebook, Apple e Google.

23. CNN BRASIL. Amazon, Apple, Facebook e Google 'ignoram' pandemia e lucram mais. São Paulo, 30 jul. 2020. Disponível em: https://www.cnnbrasil.com.br/business/2020/07/30/amazon-apple-facebook-e-google-ignoram-pandemia-e-lucram-mais. Acesso em: 15 jun. 2023.

24. ANAND, Jeffrey. Virtual Economics Virtually Unregulated: how clear taxpayer guidance can mitigate tax compliance risks. Hofstra Law Review, New York, v. 43, n. 1, p. 253-290, jan. 2014. Disponível em: https://scholarlycommons.law.hofstra.edu/cgi/viewcontent.cgi?article=2822&context=hlr. Acesso em: 8 jun. 2023.

25. ACCENTURE. Meet Me in the Metaverse: The continuum of technology and experience, reshaping business. Tech Vision. São Paulo, 2022, p. 05. Disponível em: https://www.accenture.com/content/dam/accenture/final/a-com-migration/thought-leadership-assets/accenture-meet-me-in-the-metaverse-full-report.pdf#zoom=40. Acesso em: 12 jun. 2023.

registra que 98% dos executivos acreditam que os avanços tecnológicos estão se tornando ferramentas para a fixação de estratégias de longo prazo mais confiáveis do que as próprias tendências econômicas, políticas ou sociais.[26]

Segundo o relatório, a Xinhua, uma prestigiada agência de notícias da China, recentemente estabeleceu uma sala de imprensa virtual equipada com um âncora virtual baseado em Inteligência Artificial (IA), que fornece notícias relevantes ininterruptamente.[27] Paralelamente, a ativação da Amazon Sidewalk[28] desencadeou um notável avanço tecnológico ao criar vizinhanças inteligentes e expandir o alcance dos dispositivos inteligentes para além dos limites originais, ampliando a conectividade e interação e proporcionando um novo patamar de inovação e conveniência para os usuários.[29]

Outro exemplo é o Vail Ski, *resort* de luxo localizado no Colorado, que construiu uma representação virtual, replicando elementos como a própria montanha, inclusive com a visualização de nevadas em tempo real, registros climáticos de longo prazo e a infraestrutura essencial da montanha. Além disso, o *resort* implementou a automação na montanha física, obtida graças a investimentos em monitoramento remoto e canhões de neve automáticos que

---

26. *Ibid.*, p. 07.

27. BARANIUK, Chris. China's Xinhua agency unveils AI news presenter. BBC News. London, 08 Nov. 2018. Disponível em: https://www.bbc. com/news/technology-46136504. Acesso em: 23 jun. 2023.

28. "Amazon Sidewalk, [...] uses wireless low-energy Bluetooth and 900MHz radio signals to pass data between compatible devices across far greater distances than Wi-Fi is capable of on its own -- in some cases, as far as half a mile". Tradução livre de: "A Amazon Sidewalk utiliza sinais de rádio de baixa energia Bluetooth e de 900MHz para transmitir dados entre dispositivos compatíveis em distâncias muito maiores do que o Wi-Fi é capaz de alcançar por si só, em alguns casos, chegando a distâncias de até meio quilômetro" (CRIST, Ry. Amazon Sidewalk will create entire smart neighborhoods. Here's what you should know. CNET. San Francisco-CA, 08 June 2021. Disponível em: https://www.cnet.com/home/smart-home/amazon-sidewalk-will-create-entire-smart-neighborhoods-faq-ble-900-mhz/. Acesso em: 23 jun. 2023).

29. *Ibid.*

podem ser ativados de acordo com as condições climáticas. Ao adotar essa estratégia tecnológica, que une os domínios digital e físico, o Vail Ski Resort busca aumentar a previsibilidade das condições de esqui, visando a um incremento de 25% na ocupação durante a alta temporada.

Também merece destaque a parceria entre o grupo Bayer's Crop Science e a BlockApps para desenvolver a TraceHarvest Network, a primeira rede de negócios agrícolas baseada em *blockchain* utilizada para rastrear a produção no decorrer de toda a cadeia econômica, fornecendo transparência e confiabilidade ao processo. Segundo a empresa, a rede TraceHarvest "melhora a qualidade, a segurança e a sustentabilidade dos alimentos, trazendo eficiência, transparência, conformidade e administração da cadeia de suprimentos para produtos agrícolas".[30]

Nesse particular, há notícia de um mercado imobiliário latente, sobretudo nas plataformas Decentraland e The Sandbox, dois dos maiores Metaversos baseados em *blockchain*, cujos *imóveis* podem ser adquiridos por meio de criptomoedas e com registro de propriedade em NFT, variando de 13 mil a 4,3 milhões de dólares. Segundo a NonFungible, em 2021, as plataformas em comento movimentaram cerca de 390 milhões de dólares apenas com a venda de terrenos.[31]

As operações possíveis no Metaverso não se limitam à venda de mercadorias e terras. Em 2023, as plataformas Decentraland e Upland contaram com representações virtuais do carnaval de Salvador e do Rio de Janeiro, na qual

---

30. LORD, Carla. BlockApps Launches Agribusiness Blockchain Network 'TraceHarvest' Following Success with Bayer. Bayer Global. New York; Saint Louis, 18 Nov. 2020. Disponível em: https://www.bayer.com/media/en-us/blockapps-launches-agribusiness-blockchain-network-traceharvest-following-success-with-bayer/. Acesso em: 23 jun. 2023.

31. INFOMONEY. O que são terrenos no metaverso (e como comprar)? São Paulo, 11 nov. 2022. Disponível em: https://www.infomoney.com.br/guias/terrenos-no-metaverso. Acesso em: 20 jun. 2023.

os usuários podem se dirigir à quadra da Mangueira e adquirir NFTs de fantasias e ornamentos com as cores da escola de samba verde e rosa.[32]

A seu turno, o próprio artista Travis Scott se apresentou no Metaverso Fortnite, no início da pandemia, reunindo 14,8 milhões de usuários simultâneos.[33] Assim, não são raros os serviços e eventos sucedidos no ambiente virtual, nos quais o pagamento é feito em criptomoeda e os ingressos sejam distribuídos na forma de um NFT, por exemplo.

Para além do entretenimento, em 2022, a Faculdade de Gestão e Inovação, de Goiânia, instituiu o primeiro curso de graduação dentro de um ecossistema no Metaverso que dispõe de museu, salas de aula e ambientes para *networking*, com quatro anos de duração e diploma reconhecido pelo MEC, disponível em NFT.[34]

Diante desse cenário, os fatores em comento têm sido intensamente debatidos por organismos internacionais como a OCDE[35], a Organização das Nações Unidas e a União

---

32. SILVA, Mariana Maria Felismino da. Carnaval brasileiro terá representação virtual no metaverso com desfiles e NFTs. *Exame.* São Paulo, 2023. Disponível em: https://exame.com/future-of-money/carnaval-brasileiro-tera-representacao-virtual-no-metaverso-com-desfiles-e-nfts/. Acesso em: 23 jun. 2023.

33. ROSA, Paola Ferreira. Shows no metaverso podem ampliar o acesso a apresentações artísticas. *Folha de S. Paulo.* São Paulo, 07 jul. 2022. Disponível em: https://www1.folha.uol.com.br/seminariosfolha/2022/07/ shows-no-metaverso-podem-ampliar-o-acesso-a-apresentacoes-artisticas.shtml. Acesso em: 23 jun. 2023.

34. NOBRE, Paty Moraes. Faculdade brasileira lança a 1ª graduação do mundo com aulas no metaverso. *Istoé.* São Paulo, 08 ago. 2022. Disponível em: https://istoe.com.br/faculdade-brasileira-lanca-a-1a-graduacao-do-mundo-com-aulas-no-metaverso/. Acesso em: 24 jun. 2023.

35. Como o setor privado responde por mais de dois terços dos gastos com P&D na OCDE, a intensidade de P&D de um país é fortemente influenciada pelas atividades de P&D de suas empresas. O painel OECD Short-term Financial Tracker of Business P&D (SwiFTBeRD) fornece as informações mais oportunas possíveis sobre dados de P&D trimestrais e anuais específicos e setoriais da empresa relatados por vários dos principais investidores em P&D do mundo. A análise do crescimento das despesas com P&D em 2021 confirma uma melhoria generalizada em todas as empresas após o choque pandêmico inicial em 2020. As empresas de software,

Europeia, com a finalidade de delinear políticas fiscais unificadas que orientem a adequação do sistema normativo dos Estados aos novos modelos de negócios, sem perder de vista os princípios internacionais relativos à matéria tributária.

Nota-se que o Metaverso desencadeou a concepção de novos paradigmas empresariais, interações socioculturais e modelos de aprendizagem, redefinindo, de maneira progressiva, a forma como as sociedades se conectam e desenvolvem.

Sendo assim, as novas dimensões da territorialidade decorrentes não apenas da globalização, mas, sobretudo, dos avanços tecnológicos aperfeiçoados em tempos de crise, nos provocam a retomar os aspectos fundamentais da tributação, em direção a um cenário de ampla transparência e neutralidade fiscal, com vistas ao aprimoramento ou à criação de novos mecanismos globais que alcancem a substância econômica que atravessam os negócios jurídicos contemporâneos.

Em suma, considerando que o Direito persegue a realidade social, é indiscutível a necessidade urgente de regulamentação do ambiente *in casu* sob a perspectiva fiscal. Embora seja uma realidade em desenvolvimento, as operações verificadas nesse ambiente já são concretas e carregadas de significativa relevância social e econômica, graças, sobretudo, ao crescimento exponencial dessa tecnologia,

---

informática e tecnologia eletrônica e (em menor grau) as empresas farmacêuticas e de biotecnologia continuaram a impulsionar o crescimento das despesas com P&D, enquanto as indústrias automotiva e aeroespacial (juntamente com outras indústrias) ainda estavam atrasadas em 2021. No primeiro semestre de 2022, o crescimento das despesas agregadas de P&D no ano no setor de software, informática e tecnologia eletrônica permaneceu em torno de 10%, enquanto foi quase estável em outros setores. Dadas essas tendências, como mostra, as despesas com P&D no setor de software, informática e tecnologia eletrônica foram mais de 50% maiores em meados de 2022 em comparação com o início de 2018. No setor automotivo e aeroespacial e outras indústrias, em contraste, as despesas com P&D ainda não haviam se recuperado para os níveis de 2018 (OCDE. L'Organisation de Coopération et de Développement Économiques. Science, technologie et innovation: Perspectives 2023. Paris, 2023. Disponível em: https://www.oecd.org/fr/sti/science-technologie-innovation-perspectives. Acesso em: 21 maio 2023).

que ganhou novos contornos após as demandas inovadoras impulsionadas pelo contexto da pandemia.

1.2 Constructivismo lógico-semântico

Para além da justificativa do tema e de sua contextualização histórica, necessário é determinar o modo como o tema será abordado, e a opção que se fez levar em conta o método Constructivismo Lógico-Semântico, que é uma abordagem filosófica cujo método foca no conhecimento possibilitado pela linguagem. Segundo ele, a linguagem não é apenas um meio de comunicar conhecimento, mas a forma como ele se constrói.

Evidencia, ainda, que o sentido e o alcance das expressões linguísticas não são estáticos e imutáveis, mas construídos a partir de contextos, ou seja, dependentes das circunstâncias em que são utilizados. Assim, a verdade depende de experiência, pois o conhecimento é construído socialmente; não é algo absoluto e próprio das coisas.

Essas experiências constroem os horizontes culturais do intérprete, que correspondem ao repertório de conhecimento utilizado na produção de conteúdo.

Desse modo, não há como se falar numa verdade absoluta, pois ela é sempre construída a partir de um ponto de vista, cujo processo de construção é passível de análise e confirmação, desta forma, para que uma afirmação seja considerada verdadeira, deve ser verificável.

Cientificamente, a lógica e a semântica são instrumentos fundamentais para a construção do conhecimento científico, considerando que a verdade depende do contexto e do uso das expressões linguísticas nele inseridas.

Pelo uso do Constructivismo Lógico-Semântico tem-se, em primeiro lugar, ao utilizar o termo *Constructivismo*, de forma muito direta, o aprendizado decorrente de construção. O resultado não vem pronto e acabado, mas ao intérprete no uso dessa metodologia será outorgado um caminho sólido, justificado e coerente, nunca respostas prontas. Conhecer é construir, e o que o Constructivismo Lógico-Semântico oferece são as ferramentas e os procedimentos a serem seguidos para a produção de conteúdo.

Em segundo lugar, considerando a expressão *Lógico-Semântico*, pode-se notar que essa construção é a de um discurso, pois lógico e semântico são dois dos três vieses da Semiótica – ciência que estuda os signos.

Lógico refere-se à noção de que todo discurso precisa ser bem estruturado; deve seguir às regras de formação de enunciados para que possam ser compreendidos; *Semântico*, considerando também que essa estrutura frásica (por exemplo, formada por sujeito e predicado, ou sujeito e ação) deve possuir um conteúdo cognoscível, ou seja, que faça sentindo dentro do contexto em que estiverem inseridos.

Desse modo, o Constructivismo Lógico-Semântico é o meio pelo qual o intérprete constrói, epistemologicamente, um objeto dentro de um contexto, suportado por regras de formação e conteúdo, conferidos justamente por esse contexto. O uso desses referenciais garante ao intérprete a uniformidade de seu raciocínio e a consequente coerência de seu discurso, pois o caminho percorrido denota a estreita relação entre as premissas adotadas e as conclusões obtidas.

Buscar conhecer um objeto tem, portanto, como ponto de partida a compreensão do processo de conhecimento, bem como do ambiente em que esse conhecimento será produzido, para que seja feita a escolha do método coerente com ele.

Ao astrônomo o uso do telescópio é fundamental, pois *a olho nu* não é capaz sequer de enxergar seu objeto de pesquisa, em virtude da imensa distância física entre ele e seu objeto, e enxergá-lo é o ponto de partida para seu processo de conhecimento. O biólogo também executa em suas atividades científicas a observação dos objetos contidos em seu campo de pesquisa e, muitas vezes, também é incapaz de enxergá-los *a olho nu*, mas no seu caso o telescópio não lhe serve de ferramenta, pois a dificuldade não se impõe pela distância, mas pelo tamanho dos objetos investigados; a ferramenta adequada para esse cientista é o microscópio.

Nos exemplos acima, as ferramentas indicadas são físicas, materiais, mas isso nem sempre acontece no desenvolvimento das ciências. No Direito,[36] o modo de aproximação com o objeto se dá com a possibilidade de se comunicar dentro daquele discurso em que se apresenta, pois direito é texto. Ao cientista jurídico prescinde o uso de uma ferramenta material, como acontece com o astrônomo ou o biólogo. O que há de comum nessas ciências – e também em qualquer outra a que se tenha notícia – é a prévia delimitação do objeto que se pretende estudar, o que se denomina *corte metodológico*.

Pode-se propor dois cortes metodológicos no estudo do Direito: o primeiro, separando aquilo que é jurídico daquilo que não é; o segundo, separando o corpo de linguagem do Direito válido, ou seja, o que é capaz de reger uma sociedade, dos textos que já foram jurídicos e daqueles que pretendem sê-lo. Esses procedimentos serão mais bem explicitados a seguir:

(i) O Direito é criado a partir de atos de vontade para atingir determinada finalidade (valor), objeto cultural, portanto. Como consequência de ser cultural, o Direito é também social; um dos muitos subsistemas sociais existentes. Assim, as condutas reguladas pelo direito também são tratadas por outros desses sistemas, como o moral, o psicológico, o histórico, mas para ser jurídico, há que se considerar exclusivamente o viés interno, ou seja, tendo por base

36. Aqui o significado de Direito é o de Ciência, conjunto linguístico de enunciados que tem por objeto o estudo sobre o Direito Positivo.

o conteúdo do próprio sistema jurídico. Considerações dessas outras áreas não importam para o Direito.

(ii) Para aferir quais condutas estão reguladas pelo Direito é preciso considerar o tempo do texto jurídico, pois as normas do passado – aquelas que já perderam sua validade, mas que ainda são capazes de produzir efeitos para as condutas a ela contemporâneas – já não são mais normas, e as do futuro – aqui consideradas as que estão em processo de produção – ainda não são (e podem sequer virem a ser); portanto, normas capazes de regular condutas são exclusivamente aquelas válidas no presente.

A Dogmática do Direito em sentido estrito considera exclusivamente o jurídico, válido no tempo e no espaço. Mas o que está enquadrado como estritamente jurídico? Texto! Conhecer o Direito é lidar com textos. Um conjunto de enunciados organizados de forma a realizar seu propósito de regular condutas.

Essa tomada de posição permite que a aproximação se dê de forma (i) analítica, decompondo o discurso jurídico até a localização de seu elemento mais reduzido – dividir até que se chegue ao limite, sem perder a característica de texto jurídico[37] –, para então realizar a (ii) hermenêutica, construção de sentido dos textos positivados.

Isso porque, ao afirmar o caráter textual do Direito, essa característica física (ou literal) é o ponto de partida para sua compreensão, seguindo no plano dos conteúdos na atribuição de sentido e alcance desses textos, atribuindo significação aos textos, juízos. É um processo de construção que vai dos enunciados às normas jurídicas.

Desse modo, para que se possa compreender como devem ser reguladas determinadas situações, há que se recorrer

37. A partir da divisão proposta, pretende-se chegar ao elemento caracterizador do direito: a norma jurídica.

aos textos jurídicos. Quem busca conhecer quais são as relações tributárias existentes entre um Fisco Municipal e seus respectivos contribuintes, por exemplo, precisará recorrer, no mínimo, à legislação tributária municipal, ao Código Tributário Nacional e à Constituição Federal: todos textos.

A linguagem cria novas realidades, já que cada um desses textos é uma realidade. Nada existe antes da linguagem; ela será o marco constitutivo do mundo cognoscível. O mesmo acontece com a realidade do Direito: a linguagem a constitui, tornando-a real.

Assim, falar de Direito é reconhecê-lo como realidade construída pela língua (considerando-se língua como um conjunto de signos convencionalmente estruturado de forma a permitir a comunicação entre os indivíduos). É formado por enunciados prescritivos; suportes físicos de normas jurídicas – que se relacionam em critérios de coordenação e subordinação, formando o corpo de linguagem coercitiva voltado a regular certas condutas intersubjetivas.

O detalhamento desse corpo de textos prescritivos será o objeto das investigações do próximo capítulo. Antes, porém, será necessário tratar um pouco mais das bases metodológicas, tecendo algumas linhas sobre a Semiótica.

1.3 Semiótica

Sendo o Direito uma linguagem, a interpretação de seu sentido depende do conhecimento do conteúdo desse corpo linguístico. A Semiótica, como teoria geral dos Signos, permite que o intérprete compreenda o Direito nos três planos propostos pela disciplina para o estudo da linguagem – planos sintático, semântico e pragmático –, possibilitando, assim, a construção de sentido para o texto jurídico, bem como o manejo de seus elementos. Esse elo entre os dois corpos linguísticos já fora objeto de estudos de C.

Morris, quando evidencia: "a semiótica tem uma dupla relação com as ciências: ela é simultaneamente uma ciência entre as ciências e um instrumento das ciências".[38]

O estudo dos signos e dos processos de comunicação é realizado pela Semiótica. Ela explora como os seres humanos criam, interpretam e usam símbolos e sinais para se comunicarem uns com os outros. Os signos podem ser idiomáticos (palavras, frases) ou não, e nessa segunda categoria estão os visuais, sonoros, gestuais, entre outros. O objetivo da Semiótica é entender como os signos são usados para criar significado e como o significado é interpretado pelos indivíduos nos diferentes contextos histórico-sociais.

Eis a abordagem tridimensional da análise de signos, desenvolvida sobre os três aspectos inter-relacionados da linguagem: sintaxe, semântica e pragmática.

A sintaxe faz referência à relação formal entre os signos, como as regras que governam a combinação de letras em palavras e de palavras em frases. A semântica, por sua vez, lida com o significado dos signos, como as relações entre as palavras e os objetos ou conceitos que elas representam. A pragmática diz respeito ao uso dos signos na comunicação, como a forma como os signos são usados para influenciar ou persuadir um interlocutor.

Quando se fala em linguagem jurídica, cada uma dessas análises pode ser transportada para um viés normativo:

(i) no plano lógico, pela análise das estruturas "mínimas e irredutíveis de manifestação do deôntico",[39]

38. MORRIS, Charles. Fundamentos da Teoria dos Signos. Tradução de António Fidalgo. São Paulo: Edusp, 1976. p. 5. Disponível em: https://edisciplinas.usp.br/pluginfile.php/4904582/mod_resource/content/1/ Teoria%20dos%20Signos.pdf. Acesso em: 10 abr. 2023.

39. CARVALHO, Paulo de Barros. *Direito Tributário: linguagem e método*. 7. ed. São Paulo: Noeses, 2018, p. 627.

ou a fórmula D(H→C), ou seja, independentemente da forma como o texto normativo se apresente, já que nem sempre as leis são produzidas numa linguagem imperativa, tudo quanto for jurídico revela um dever-ser.[40]

Ainda no plano sintático, há a análise da validade normativa por ser parte do todo jurídico. Não há, nessa investigação, o cuidado com o sentido e alcance da norma, mas tão somente a confirmação (ou não) de sua regularidade com o sistema:

(ii) no plano semântico, a busca é pelo conteúdo e alcance dos termos representativos dos comandos normativos.[41] Considerando que as normas sempre farão referência a situações da vida social (inseridas exclusivamente no campo da possibilidade), a análise semântica terá por foco a subsunção desses fatos às normas.

Isso porque o valor da norma (como analisado no plano lógico) é o do pertencimento, não da verdade/falsidade, de modo que a conexão entre norma e fato tem a ver com a intenção, com o valor que o comando pretende implementar, e não com a reprodução da realidade social.

Essa intenção é marca do texto normativo: por ela é que se direciona a ação da sociedade. Isso porque, segundo Miguel Reale, "o pensamento é, por sua natureza, intensional.

---

40. Exemplos como o art. 1º da Constituição da República ao "declarar" o Brasil como uma República Federativa está, na verdade, estabelecendo a organização do Estado Democrático Brasileiro.

41. "A linguagem é a capacidade humana de combinar significados coletivos e compartilhá-los. Esses sistemas arbitrários de representação podem variar de acordo com as necessidades e experiências sociais. Assim, a essência principal de qualquer ato de linguagem é a produção de sentido" (RIBEIRO, Ana Cláudia Dias. *A Abordagem da Semântica em Gramáticas Normativas.* 2015. Dissertação (Mestrado em Letras) – Universidade Federal de Rondônia, Porto Velho, 2015, p. 14).

É o ser humano outorgando significação ao mundo. Consciência é consciência de. O pensamento é dialético por intrínseca estrutura".[42-43] Portanto, todo conteúdo normativo é produzido, de forma consciente, a induzir atividades coerentes com os valores de um grupo social, histórica e geograficamente localizado.

A intensão[44] busca refletir o propósito subjacente à criação de normas jurídicas e é elemento intrínseco à interpretação e aplicação de enunciados prescritivos. A escolha dos conceitos na produção normativa é, portanto, decisiva para o processo interpretativo;

(iii) o plano pragmático, por sua vez, indica o modo como os destinatários do texto normativo se comportam perante ele. É no aspecto pragmático que se pode falar em paradigma, em jurisprudência.

Isso porque, mesmo que a vontade do legislador pudesse ser captada pela análise da semântica da linguagem normativa, ela não seria suficiente para determinar o modo como reagirão aqueles que devem submeter-se ao regramento.

Importante ressaltar aqui é que ao elaborar uma análise pragmática dos textos normativos ainda se pode falar em Pragmatismo, quando as normas de um sistema já não são suficientemente completas para responder aos anseios de uma sociedade, levando o Poder Judiciário a inovar, com base em analogia a determinados comandos e uma interpretação sistemática, estendendo direitos e deveres, como resposta à desatualização do Sistema.

---

42. De intensão (com "s") ou compreensão e extensão

43. REALE, Miguel. *Cinco temas do culturalismo*. São Paulo: Saraiva, 2021.

44. Nota do editorial: Vide nota de rodapé 42.

1.3.1 A semântica do texto normativo – evolução na produção de sentido

A evolução na produção de sentido refere-se ao entendimento em constante transformação das normas jurídicas ao longo do tempo, levando em consideração as mudanças culturais que ocorrem na sociedade. Como visto, a semântica do texto normativo está relacionada ao estudo do significado das palavras, expressões e estruturas linguísticas utilizadas na redação dos enunciados prescritivos.

À medida que a sociedade se transforma, novas situações surgem, a construção de normas jurídicas pode exigir uma adaptação dos seus significados. Expressões legais antes amplamente aceitas e compreendidas em um determinado contexto histórico podem adquirir novas conotações ou se tornarem obsoletas ao longo do tempo.[45] Nesses casos, a evolução na produção de sentido requer uma análise cuidadosa da semântica atualizada desses termos para sua aplicação na sociedade contemporânea.

Os tribunais, ao colocarem normas jurídicas no sistema, também desempenham papel importante, pois suas decisões são indicativos dessa evolução e podem influenciar essas mudanças.

45. "2. É inconstitucional, e não está abarcada pelo instituto da legítima defesa como causa de excludente de ilicitude, a tese da 'legítima defesa da honra', por incompatibilidade com os direitos fundamentais à vida, à igualdade, à não discriminação e à dignidade humana, sendo vedada sua invocação por qualquer dos agentes participantes do julgamento, no âmbito do Tribunal do Júri, de crimes contra a vida de mulheres, sob pena de nulidade do julgamento.
3. Não afronta o princípio da plenitude de defesa, ínsita ao Tribunal do Júri, limitação argumentativa que impeça a utilização de tese inconstitucional para beneficiar o acusado de crime de feminicídio, com potencial lesão a direitos fundamentais da vítima e de sua família" (ARAS, Antônio Augusto Brandão de. Parecer AJCONST/PGR nº 449807/2023. *In:* BRASIL. Ministério Público Federal. Procuradoria-Geral da República. Arguição de Descumprimento de Preceito Fundamental nº 779. Relator: Ministro Dias Toffoli. Brasília, 11 maio 2023).

1.3.2 A pragmática do texto normativo e o pragmatismo jurídico

O termo *pragmático* fora usado em várias acepções na história, mas desde seus primeiros empregos esporádicos apresenta dois sentidos fundamentais: de conhecimento útil e de conhecimento real. Nada mais sedutor do que a palavra *pragmático* para o estudo de qualquer ciência; por isso mesmo, é preciso fazer a diferença dentre seus vários usos.

Modernamente, o pragmatismo como filosofia foi desenvolvido a partir do final do século XIX. Seus maiores pensadores, Charles Sanders Peirce e William James, acreditavam no pragmatismo como uma forma de combate ao racionalismo e ao empirismo vulgar. Ambos determinavam a verdade de uma proposição por suas consequências práticas. Contudo, divergiam em pontos fulcrais: Peirce pregava um pragmatismo de vertente realista; James, de caráter nominalista.

Conhecer demanda experiência.

> O mais importante: o significado de um juízo é uma função de suas consequências práticas concebíveis. As consequências, portanto, definem o objeto, e não o contrário. Se não há diferença prática, não há diferença. "Peso" é simplesmente a força que faz os corpos caírem. Como dizer que não sabemos o que é o peso, mas conhecemos todos os seus efeitos?[46]

O pragmatismo jurídico o tem como base filosófica William James e Richard Rorty, com sua filosofia antirrealista.[47] O pragmatismo jurídico desenvolvido por Oliver

---

46. TOMÉ, Fabiana Del Padre; FAVACHO, Fernando Gomes. O que significa pragmático para o Constructivismo Lógico-semântico: a tríade linguística 'sintático, semântico e pragmático' utilizada por Lourival Vilanova e Paulo de Barros Carvalho na Teoria do Direito. *Revista Quaestio Iuris*, v. 10, n. 1, p. 274-290, 2017. Disponível em: https://www.e-publicacoes.uerj.br/index.php/quaestioiuris/article/view/24642/19477. Acesso em: 17 abr. 2023.

47. EISENBERG, José; POGREBINSCHI, Thamy. Pragmatismo, direito e política.

Holmes, Roscoe Pound e Benjamin Cardozo não buscava precisamente a verdade, mas uma crença justificada pela necessidade social.[48] O poder do legislador (em sentido estrito) passa ao do juiz criador, que considera o contexto e procura a melhor decisão sem estar preso em uma moldura kelseniana. No seu livro *Para além do Direito*, Richard Posner[49] inicia um capítulo dizendo: "Afinal, o que o pragmatismo tem a oferecer ao direito?", mostrando sua postura pragmatista inclusive ao fazer doutrina. É firme ao dizer que o juiz pragmatista usa o direito como instrumento para fins sociais. O foco está em perguntar sempre qual das resoluções possíveis tem as melhores consequências, no sentido de custos e benefícios.

Colocado o pragmatismo jurídico como corrente do pensamento do direito que traz o foco aos efeitos concebíveis de uma decisão, é preciso diferenciá-lo da análise pragmática do texto normativo.

Pela Semiótica Jurídica, no nível sintático, as normas são iguais: todas prescrevem condutas, todas cuidam do dever-ser, dever de fazer algo. Todas têm um antecedente (se matar, se auferir renda) e um consequente (logo, deve ser preso; logo, deve pagar Imposto sobre a Renda ao Fisco Federal). Mas seus sentidos são diferentes em nível semântico: uma é norma de direito penal; outra, de tributário. Uma proíbe matar; outra obriga a pagar tributo. É uma relação entre o suporte físico (texto de lei) e a significação (o que é ordenado). Finalmente, há uma relação pragmática: a regulação de condutas entre sujeitos de direito.[50]

Novos Estudos, São Paulo, n. 62, p. 107-121, mar. 2002.

48. *Ibid.*

49. POSNER, Richard. *Para além do direito*. Tradução de Evandro Ferreira e Silva. São Paulo: Martins Fontes, 2009, p. 422.

50. FAVACHO, Fernando Gomes. Definição do Conceito de Tributo. 2010. Dissertação (Mestrado em Direito Tributário) – Pontifícia Universidade Católica de São Paulo, São Paulo, 2010. Disponível em: http://www.dominiopublico.gov.br/down-

É dizer, a análise pragmática do texto ainda é semântica, mas com o foco no aplicador, que verificará os usos da linguagem. Analisar pragmaticamente o texto jurídico não se confunde, portanto, com o pragmatismo jurídico. Na análise pragmática, estuda-se a construção da realidade dos julgados. No pragmatismo jurídico, as consequências dos julgados para a justificação da interpretação.

Para que se possa analisar completamente um texto, necessária é a análise do signo como um todo, como já alertava Charles Morris:[51]

> [...] há um potencial sígnico em que, relativamente a cada objecto ou situação, podem ser expressos todos os graus da semiose, e a questão respeitante ao que o designatum de um signo é numa dada situação, é a questão sobre quais características do objecto ou situação são efectivamente tomadas em conta em virtude apenas da presença do veículo sígnico.

São, assim, os três aspectos do texto jurídico igualmente importantes e necessários à regulação de conduta. A tridimensionalidade proposta por Morris destaca a presença dos três vértices do signo que não se sobrepõem uns sobre os outros, cuja análise é inesgotável e intertextual – axiomas da interpretação.

Isso porque o Direito utiliza a linguagem em sua composição, expressando e comunicando suas mensagens normativas. A língua é o código utilizado pelo ordenamento jurídico para formular os enunciados normativos. A linguagem jurídica possui características próprias, como terminologia técnica, estruturas sintáticas específicas e uso de expressões jurídicas consagradas.

---

load/teste/arqs/cp134830.pdf. Acesso em: 17 abr. 2023.

51. MORRIS, Charles. Fundamentos da Teoria dos Signos. Tradução de António Fidalgo. São Paulo: Edusp, 1976. p. 8. Disponível em: https://edisciplinas.usp.br/pluginfile.php/4904582/mod_resource/content/1/ Teoria%20dos%20Signos.pdf. Acesso em: 10 abr. 2023.

A produção normativa se dá por atos de fala dos intérpretes autênticos, no interior do sistema normativo. Assim, a fala atualiza a língua jurídica, trazendo novos significados e interpretações para as normas. Por meio das decisões judiciais, a linguagem do Direito é aplicada a situações específicas e adaptada às necessidades da sociedade em constante mudança. A interação entre a língua e a fala é, portanto, mecanismo essencial para o desenvolvimento dinâmico do Direito.

1.4 Culturalismo

O Culturalismo Jurídico, por sua vez, é uma abordagem teórica que entende o Direito como fenômeno cultural; suas normas refletem os valores da sociedade em que está inserido. Também nessa perspectiva, o Direito não é visto como algo fixo e imutável, mas como algo em constante construção, evoluindo ao longo do tempo, em resposta às mutações sociais.

Por meio dessa abordagem se pode aferir a importância da cultura[52] na formação do Direito, pois que a criação das normas é influenciada pelas crenças, valores e tradições de uma sociedade.

De acordo com Miguel Reale, o culturalismo é

> [...] uma concepção do Direito que se integra no historicismo contemporâneo e aplica, no estudo do Estado e do Direito, os

52. "Cultura tomada como tudo aquilo que é produzido pelo ser humano na sua trajetória de passagem pela vida, [...] o ser humano encontra aquilo que é dado [...] dado é aquilo que lhe é entregue ao chegar e o construído que é aquilo que ele começa produzir no início dessa trajetória e que vai se estendendo, estendendo, estendendo até o termo final de sua presença desse planeta – ora, então é o dado e o produzido, desde o mais tosco produto do labor humano até as coisas mais sofisticadas [...] esse é o mundo da cultura" (CARVALHO, Paulo de Barros. *Grupo de Estudos* – Constructivismo Lógico-Semântico. São Paulo, 07 mar. 2023).

princípios fundamentais da Axiologia, ou seja, da teoria dos valores em função dos graus de evolução social.[53]

O Culturalismo não se opõe ao Positivismo Jurídico, mas a ele se une na formação do Sistema Normativo. Enquanto este determina que para ser jurídica uma norma depende de produção encaixada em parâmetros outorgados pelo próprio Direito (procedimento previsto exercido por pessoa competente), aquele justifica a ação de criar normas como reflexo da necessidade de se implementar determinados valores, conduzindo aquela pessoa competente à produção de atos de fala inovadores da realidade jurídica.

Culturalismo, portanto, serve como pano de fundo do trabalho por envolver a questão dos valores na formação do arcabouço normativo, valores esses obtidos ao longo da história da sociedade como resultado desse processo de sucessão temporal.

De posse dessas informações, é possível compreender como as normas jurídicas são moldadas pelos contextos culturais e como podem ser adaptadas para atender às necessidades de sociedades cada vez mais diversas e complexas. Isso porque pode-se considerar variações de sistemas normativos (i) historicamente, em consequência das mudanças sociais de um mesmo grupo, ao longo do tempo, ou[54] (ii) geograficamente, considerando que duas comunidades podem valorar situações de maneiras diversas.

---

53. REALE, Miguel. *Teoria do Direito e do Estado.* 5. ed. São Paulo: Saraiva, 2003, p. 08.

54. O *ou* utilizado na frase é o includente, cujo resultado das proposições pode ser (i) *um,* (ii) *outro* ou (iii) *ambos*. Assim, as mudanças dos sistemas jurídicos podem se dar exclusivamente de forma histórica, geográfica ou ainda histórica e geográfica.

2. BREVES NOTAS SOBRE TEORIA DA CONCEITUALIDADE – PREPARANDO O CAMINHO PARA ESTUDAR O METAVERSO

Conforme se afirmou linhas acima, o objetivo central deste trabalho consiste em mobilizar, criticamente, um repertório de conceitos a fim de verificar se é possível falar, dentro do jogo de linguagem do Direito, em incidência do sistema normativo-tributário nos espaços virtuais criados em decorrência das inovações tecnológicas, uma vez que tais ambientes surgem, primordialmente, como forma de se estabelecer novas relações socioeconômicas, ainda que de natureza virtual.

Dito de modo mais específico, o Metaverso vem se desenvolvendo, do ponto de vista conceitual, como o ambiente/espaço criado em decorrência da revolução tecnológica atualmente vivenciada, no interior do qual torna-se possível estabelecer interações sociocomunicativas imersivas das mais diversas naturezas, as quais mimetizam, de certo modo, as interações que se passam no espaço físico tal como são conhecidas. O Metaverso caracteriza-se, portanto, como verdadeira forma de expansão/ampliação das interações sociais, ocasionada pela revolução tecnológica.

Esses espaços virtuais, chamados de Metaversos, despertaram especial interesse na comunidade jurídica a partir das atividades de Mark Zuckerberg, ao anunciar a alteração no nome da empresa proprietária do Facebook e do WhatsApp para *Meta*. A iniciativa, entretanto, não inaugura o tema, pois a indústria cinematográfica já o havia explorado com a produção de filmes como *Matrix* ou *O Jogador Número Um* e mesmo a criação de jogos, como o esquecido *Second Life* ou o *The Sims*. O livro *Snow Crash* (de 1992) e atualmente as obras *Counter Strike* demostram um caminho mais sólido – e sem volta – de expansão das experiências sociais com o uso da tecnologia e *Tudo em Todo Lugar ao Mesmo Tempo*, história em que a protagonista transita entre multiversos trazendo versões possíveis de sua mesma existência.

E o que há de comum em todos esses exemplos? A proposta de vivenciar uma realidade virtual de forma muito mais intensa e baseada em escolhas de cada participante na construção de suas características físicas e poderes *sobre-humanos*. A questão é que agora, com o Metaverso, esse tema deixa de estar restrito à ficção científica ou mesmo a um ambiente pré-concebido pelo idealizador dos jogos e passa a possibilitar a criação de um universo impensado até o momento, com liberdade de ação quase irrestrita pelos usuários, considerando exclusivamente as regras impostas pelo seu criador, correspondentes às regras do jogo.[55]

Assim, será preciso investigar se o repertório conceitual atinente ao jogo de linguagem do Direito e, em específico, do Direito Tributário, também se aplica nesse espaço/ambiente, sendo capaz de incidir, sobretudo, nas manifestações de riqueza e de capacidade contributiva que nele se passa, de modo a regular condutas cuja intersubjetividade se dá entre *avatares*.

Trata-se, nesse sentido, de empreender uma análise de conceitos jurídicos fundamentais, em especial daqueles atrelados ao conceito de *norma de incidência tributária*, tais como competência tributária, materialidade, relação jurídica, capacidade tributária ativa e passiva, *pari passu* com o conceito de *Metaverso* e outros a ele relacionados.

Ainda não é possível estabelecer os contornos da legislação que definirá o modo como o sistema jurídico se comportará diante desses conceitos, já que, para se falar em tributação, necessário é definir previamente conceitos modeladores desse sistema.

---

55. Conforme oportunamente será abordado no corpo do texto, a expressão *regras dos jogos* se refere à teoria de Gregorio Robles.

Isso porque o direito tributário é formado por um conjunto normativo, com linguagem de sobreposição, influenciado pela definição de conceitos de outros ramos do direito, para, então, poder incidir. As demonstrações de riqueza, objeto da incidência tributária são, antes, hipóteses de incidência de outras normas. Herdar, vender, importar, auferir renda são, antes de critérios materiais de normas tributárias, situações reguladas por outros ramos do direito.

E mais, a propriedade de um bem pode indicar a existência de capacidade contributiva (tributária), mas isso não significa necessariamente que o proprietário deva ser tributado. É necessário avaliar se esse fato corresponde a uma situação prevista na legislação tributária que justifique a tributação, por não estar contida em nenhuma norma isentiva ou outra causa de inaplicabilidade da incidência tributária. Esses cálculos normativos são fundamentais para garantir a segurança jurídica e garantir a observação de valores implementados por uma sociedade (por exemplo, aqueles protegidos pelas imunidades) na instituição de tributos. Assim, a interpretação e a aplicação das normas tributárias dependem do conhecimento de outras áreas do direito.

Ocorre que, ao se debruçar sobre um contexto social totalmente inovador, antes mesmo de se poder falar em tributação, o manejo de outros conceitos se mostra fundamental.

2.1 Sobre os conceitos

Com vistas ao alcance desse objetivo, é necessário, nesse contexto, tecer prévias e breves considerações sobre os conceitos, a partir das seguintes interrogações: o que é um conceito? Como ele é adquirido ou formado? Qual importância dos conceitos dentro de um determinado jogo de linguagem científica? Procurar respostas para tais perguntas é de fundamental importância, pois tal empresa coloca-se como condição de ingresso no tema objeto da presente obra.

2.1.1 O que é um conceito?

Em obra dedicada a responder tal pergunta, Benoit Hardy-Vallée[56] traz

> [...] o conceito como uma ideia abstrata e geral, que permite pensar a unidade de uma diversidade de objetos ou fenômenos. Nas palavras do autor, o conceito seria "[...] um conhecimento geral que transcende a particularidade das percepções ao mesmo tempo que permite dar sentido a elas".[57]

Diante disso, o processo de aprendizagem se reduz e se contextualiza à aquisição de conceitos.

Com efeito, sem um repertório conceitual não seria possível qualquer conhecimento estável e permanente sobre a realidade, restando ao homem apenas a percepção imediata a fim de conhecer, com base no *aqui e agora*, um objeto ou evento singular ou diferente a cada experiência sensorial. O conceito funciona, assim, como um instrumento do intelecto, permitindo ao sujeito cognoscente perscrutar uma realidade a partir de elementos invariantes, prescindindo da percepção imediata, que é sempre variante. A esse respeito, José D'Assunção Barros[58] faz o seguinte apontamento:

> Visto desta forma, o conceito constitui uma espécie de órgão para a percepção ou para a construção de um conhecimento sobre a realidade, mas que se dirige não para a singularidade do objeto ou evento isolado, mas sim para algo que liga um objeto ou evento a outros da mesma natureza, ao todo no qual se insere, ou ainda a uma qualidade de que participa.

---

56. HARDY-VALLÉE, Benoit. *Que é um Conceito?* Tradução de Marcos Bagno. São Paulo: Parábola, 2013.

57. *Ibid.*, p. 16.

58. BARROS, José D'Assunção. *Os Conceitos:* seus usos nas ciências humanas. Petrópolis: Vozes, 2016, p. 42.

Hans Blumenberg, numa análise acentuadamente antropológica dos conceitos, dirá que o conceito faz do homem uma criatura da *actio per distans*, pois é a única capaz de lidar com os objetos que não percebe. Isso porque, segundo o autor, "o conceito tem algo a ver com a ausência de seu objeto. Isso também pode significar: com a falta da representação consumada do objeto".[59] Segundo esse autor, o conceito seria uma espécie de instrumento de liberação, pois possibilita a representação não imposta do não presente, ao tempo em que se materializa como um instrumento de busca não forçada por um novo presente.[60]

Nesse sentido, o conceito pode ser compreendido como o ente linguístico cuja característica central é portar a capacidade de representar uma categoria de objetos ou eventos, em vez de se reportar a um objeto ou evento singular. Abstração e generalidade são, portanto, as características primárias de um conceito, muito embora não sejam as únicas, como será exposto ao longo desta seção. Nos termos em que assevera José D'Assunção Barros,[61]

> Um *conceito* pode ser entendido como uma formulação abstrata e geral, ou pelo menos uma formulação passível de generalização, que o indivíduo pensante utiliza para tornar alguma coisa inteligível nos seus aspectos essenciais ou fundamentais, para si mesmo ou para outros.

---

59. BLUMENBERG, Hans. *Teoria da não Conceitualidade*. Tradução de Luiz Costa Lima. Belo Horizonte: UFMG, 2013, p. 43.

60. Para explicar a natureza e a dinâmica dos conceitos, Hans Blumenberg se utiliza da metáfora da armadilha. Ou seja, o conceito funciona tal como uma armadilha, pois "a armadilha é uma ação na ausência tanto da presa como também, com transferência temporal, do caçador. A armadilha atua para o caçador no momento em que, estando ele ausente, a presa está presente, ao passo que a confecção da armadilha mostra as relações invertidas. Ele é a expectativa materializada. Nessa medida, a armadilha é o primeiro triunfo do conceito" (*Ibid.*, p. 49).

61. BARROS, José D'Assunção, *op. cit.*, p. 42.

Em razão da generalidade e abstração, o conceito se converte no instrumento por meio do qual é possível operar um determinado jogo de linguagem e circunscrever uma determinada realidade, ainda que sem a necessidade de sua percepção imediata. Não por outra razão, que se pode afirmar que é a linguagem que cria a realidade que os fenômenos que não forem revestidos de linguagem não estão na experiência. No mesmo sentido, José D'Assunção Barros afirma que "os conceitos são pontos de apoio sistemáticos para um tipo de conhecimento a ser produzido, no interior de um campo específico de reflexões".[62]

Sob essa perspectiva, não é despiciendo afirmar que toda e qualquer teoria (*theoría*/θεωρία),[63] na acepção de um corpo uniforme e hierarquizado de linguagem que manifesta conhecimento sólido e organizado sobre uma dada realidade, sustenta-se, inexoravelmente, sobre um repertório ou acervo conceitual. Ou seja, não há teoria e, por sua vez, aquisição de conhecimento sem um suporte conceitual que lhe dê sustentação. Por meio dos conceitos, observa Hans Blumenberg, "a ciência dispensa cada indivíduo da necessidade de realizar e acumular experiências que historicamente já foram feitas".[64] Os conceitos, destaca Benoit Hardy-Vallée, "estão no centro da atividade cognitiva: a *aprendizagem* é uma aquisição de conceitos [...]".[65]

---

62. BARROS, José D'Assunção. *Os Conceitos:* seus usos nas ciências humanas. Petrópolis: Vozes, 2016, p. 27.

63. Palavra grega que se relaciona ao ato de contemplar, à distância, um fenômeno ou uma realidade; atrai para si a noção de permanência e de constância inerentes ao conhecimento, contrapondo-se, desse modo, a tudo o que é inconstante, instável e impermanente.

64. BLUMENBERG, Hans. *Teoria da não Conceitualidade.* Tradução de Luiz Costa Lima. Belo Horizonte: UFMG, 2013, p. 58.

65. HARDY-VALLÉE, Benoit. *Que é um Conceito?* Tradução de Marcos Bagno. São Paulo: Parábola, 2013, p. 17.

O conceito adquire, assim, centralidade nos mais diversos jogos de linguagens, sobremodo no jogo de linguagem científica em que "a vontade do conceito se afirmou como expressão do desejo de enfrentar a estonteante velocidade com a qual todas as coisas se dissipam".[66] Sua importância é tamanha, ao ponto de Gilles Deleuze e Félix Guattari[67] conferirem, à filosofia, a exclusividade na criação e renovação dos conceitos. Segundo os autores, a filosofia consiste, rigorosamente falando, na disciplina que cria e renova os conceitos.

De todo modo e em que pese a autoridade desses autores sobre o tema, segue-se, nesta obra, a linha segundo a qual os conceitos são inerentes a cada campo de saber específico, não sendo exclusividade do saber filosófico. Sob esse aspecto, química, matemática, astronomia, biologia, medicina, direito, economia, sociologia, filosofia etc., cada qual trabalha com um repertório conceitual que lhe é próprio.

Isso não quer dizer, por outro lado, que conceitos de um campo de saber não possam ser utilizados por outro. Há, com efeito, conceitos cujo grau de abstração e generalidade os tornam transversais, pois atravessam os mais diversos campos de saber, contribuindo com seus específicos jogos de linguagem. Espaço e tempo, por exemplo, são conceitos que atuam em todos ou quase todos os jogos de linguagem: de experimentos em laboratórios, passando pelas ciências formais, como a matemática e a física, até alcançar as ciências do espírito, a exemplo da história e do direito, os conceitos de espaço e tempo são fundamentais. Em menor escala, *justiça* e *liberdade*, por exemplo, são conceitos que também servem de suporte a muitas ciências do espírito, como direito, economia, sociologia, história etc.

---

66. BARROS, José D'Assunção, *op. cit.*, p. 36.

67. DELEUZE, Gilles; GUATTARI, Félix. *O que é a Filosofia?* Tradução de Bento Prado Jr. e Alberto Alonso Muñoz. 3. ed. São Paulo: Editora 34, 2010.

2.1.2 Funções de um conceito

Dentro de um jogo de linguagem científica, o conceito cumpre algumas funções, dentre as quais as mais importantes são: comunicar, organizar, generalizar, comparar, problematizar e aprofundar.[68]

Enquanto instrumento de comunicação, é por meio dos conceitos que os membros de uma determinada comunidade científica comunicam-se entre si. Por exemplo, a comunicação entre os membros da comunidade jurídica se dá a partir de um repertório conceitual. Quando um membro dessa comunidade diz que uma norma jurídica é inválida porque foi retirada do sistema jurídico por revogação, a compreensão dessa mensagem requer, minimamente, prévio conhecimento conceitual do que seja *norma jurídica*, *sistema jurídico*, *validade* e *revogação*. Assim se passa, também, com a comunidade médica, a comunidade de físicos, de filósofos, de matemáticos etc. Ou seja, "os conceitos desempenham o importante papel de 'unidade de comunicação'".[69]

Associada à função de comunicar, os conceitos possibilitam a ordenação de uma determinada realidade, organizando-a em planos horizontais e verticais, tornando possível a sua compreensão. Dentro dessa realidade organizada horizontal e verticalmente, os conceitos nos permitem generalizar e comparar as coisas ou os fenômenos, funcionando como um instrumento de necessária mediação entre o sujeito e a realidade.

Também é pelo uso dos conceitos que os membros de uma comunidade científica problematizam e aprofundam seus temas específicos. Conforme destaca José D'Assunção Barros,[70] a problematização e o aprofundamento conceitual

---

68. BARROS, José D'Assunção. *Os Conceitos:* seus usos nas ciências humanas. Petrópolis: Vozes, 2016, p. 36.

69. Idem, p. 37.

70. *Ibid.*

implicam ultrapassar os níveis de ingenuidade do senso comum, alcançando mais sutileza e acuidade cognitiva acerca da realidade objeto de estudos.

No caso da ciência do Direito, a relevância do conceito se apresenta desde a porta de entrada desse campo do saber. A aprendizagem desse conhecimento específico coloca, de partida, a pergunta "o que é o Direito?" ou "qual o conceito de *Direito* se está trabalhando?" E não se trata, nesse caso, de pergunta sem importância e/ou de fácil resposta, do que é exemplo todo esforço empreendido por H. L. A. Hart[71] (e muitos outros) na sua delimitação.

A procura por uma resposta a tal pergunta implica saber, de partida, em que medida o Direito, enquanto conceito, representa um conjunto de objetos cuja característica invariante o distingue do conjunto de objetos contemplados, por exemplo, pela moral ou pela religião, ou até mesmo pelo conjunto de objetos correspondentes às ameaças emanadas de grupos criminosos, como muito bem refletiu a respeito o próprio Hart.

Além disso, o jogo de linguagem do direito requer, como pré-condição, a aprendizagem de inúmeros outros conceitos, a exemplo de *Estado*, *competência*, *norma jurídica*, *ordenamento jurídico*, *relação jurídica*, *fato jurídico*, *personalidade jurídica*, *validade*, *vigência*, *eficácia*. Não bastasse isso, cada campo específico do direito (penal, processual, civil, administrativo, tributário etc.) também tem seus próprios conceitos, a exemplo do direito tributário em que o conceito de *tributo* é fundamental.

Em resumo, um conceito é um ente linguístico operativo dentro de um determinado jogo de linguagem, cujo traço marcante é a capacidade de representar uma categoria de objetos ou eventos, distinguindo-os dos demais. O conceito é,

71. HART, Herbert Lionel Adolphus. *O conceito de direito*. Tradução de Antonio de Oliveira Sette-Câmara. São Paulo: Martins Fontes, 2009.

portanto, essencial à comunicação, organização e problematização aprofundada dentro de um campo de saber científico.

Um conceito reúne, em si, três dimensões: termo, referente e características. O *termo* é a palavra ou signo suporte do conceito. O *referente* é a unidade do pensamento que concretiza o conceito enquanto ideia geral e abstrata. As *características* dizem respeito às propriedades atribuídas ao referente. Essas três dimensões nos possibilitam traçar uma distinção entre conceito, definição e palavra/termo.

2.2 Conceito, definição e palavra/termo

É comum, no uso da linguagem sem compromisso científico, falar-se em *palavra/termo*, *conceito*, *definição* e muitos outros elementos da linguagem, intercambiando-os inadvertidamente ou até mesmo tomando-os como se fossem a mesma coisa. Em face disso, e uma vez que no item anterior delimitou-se o que é um conceito, torna-se importante, neste tópico, dizer o que um conceito não é.

2.2.1 Distinção entre *conceito* e *palavra/termo*

Palavra/termo e conceito não são a mesma coisa. Uma palavra/termo pode ser um conceito (ou suporte físico para um conceito, para ser mais preciso), mas nem toda palavra/termo será, necessariamente, um conceito. Dessa forma, "o que traz a uma palavra o *status* de conceito, em muitos casos, é o campo no qual ela se encontra. Mesmo a temática de estudo específica dentro de um campo pode conclamar a que uma palavra seja configurada como conceito".[72]

Tudo dependerá, portanto, do jogo de linguagem próprio em que se emprega essa palavra/termo, de sorte que

72. BARROS, José D'Assunção. *Os Conceitos:* seus usos nas ciências humanas. Petrópolis: Vozes, 2016, p. 29.

num determinado campo do saber científico uma palavra/termo pode comparecer como um conceito, enquanto noutro campo essa mesma palavra/termo pode comparecer tão somente enquanto tal, e não como um conceito.

Por exemplo, *homem* é uma palavra/termo. A depender do jogo de linguagem, o termo *homem* pode se reportar a um indivíduo particular (este homem) ou aparecer como um pensamento ou uma ideia geral e abstrata, que não denota nenhum homem particular, mas reúne em si as características necessárias à delimitação de um homem qualquer, diferenciando-o de outras espécies de animais, como um gato, um cachorro etc. Mais do que isso, enquanto conceito, *homem* é essencial à comunicação, à organização e à problematização dentro dos mais diversos campos de saber científico.

A título de exemplo, a palavra *homens* constante do art. 5º, inciso I, da CRFB, onde se diz que "homens e mulheres são iguais em direitos e obrigações", certamente trata-se de um conceito constitucional da mais alta importância no interior do jogo de linguagem do direito. Por outro lado, quando, por exemplo, no curso de um processo penal aparece uma frase do tipo "as provas constantes dos autos confirmam que Herculano foi o homem que matou Herculina", certamente essa palavra/termo *homem* não se trata de um conceito, mas tão somente de uma palavra/termo comum.

Em síntese, os atributos de generalidade e abstração conferem ao conceito a capacidade de representar uma categoria específica de objetos ou eventos. Uma palavra/termo, de sua parte, não carece desses atributos para subsistir.

Em geral, as palavras/termos são utilizadas para denotar objetos singulares, e não uma categoria de objetos. Daí porque um conceito não se confunde com uma palavra/termo: um conceito que denotasse ou se referisse a um único objeto seria inútil, pois isso é o que fazem as palavras/termos. Conforme destaca Benoit Hardy-Vallée,[73]

> [...] se um conceito é uma representação de *toda* a categoria e se, para tanto, não pode ser uma representação *particular*, então, por isso mesmo, essa representação não pode ser uma representação *concreta*. Os conceitos são, portanto, universais *abstratos*.

Viu-se, também, que entre as funções centrais de um conceito estão a problematização e o aprofundamento dentro do jogo de linguagem científica. Os conceitos, distintamente das palavras/termos, evocam discussões entre os praticantes de um campo de saber com vistas à solução de problemas. Os conceitos estão no centro de uma teoria e é por meio deles que o jogo de linguagem de um campo de saber específico é jogado. Trabalhando com o conceito de *norma jurídica*, por exemplo, trata-se não de uma palavra/termo, mas de um conceito fundamental, operativo dentro do jogo de linguagem do direito, que mobiliza discussões entre seus praticantes com vistas ao enfrentamento de problemas relevantes. Desta feita e com fulcro na letra de José D'Assunção Barros,[74] pode ser afirmado que

> Não existe, enfim, uma linha definida separando os conceitos das palavras comuns. Para que tenhamos um conceito, demanda-se que ele seja central em determinada análise ou campo de estudos, que ele seja necessariamente objeto de discussão entre os praticantes do campo ou entre os especialistas que trabalham com a mesma temática, que seja operacional, repertoriado, recorrente no vocabulário problematizado do campo em questão.

Mais do que isso, "nas suas porosidades internas os conceitos trazem pontes para outros conceitos, além de abrigarem

---

73. HARDY-VALLÉE, Benoit. *Que é um Conceito?* Tradução de Marcos Bagno. São Paulo: Parábola, 2013, p. 76-77.

74. BARROS, José D'Assunção. *Os Conceitos:* seus usos nas ciências humanas. Petrópolis: Vozes, 2016, p. 30.

na sua estrutura interna componentes que também são conceituais e que estabelecem relações específicas uns com os outros".[75] Tomando, mais uma vez, o jogo de linguagem do Direito, onde o conceito de *norma jurídica* se abre para muitos outros conceitos, a exemplo de *plano de expressão*, *plano normativo*, *sistema normativo*, *norma de estrutura*, *norma de conduta*, *norma geral e abstrata*, *norma individual e concreta* etc. Na sua feição interna não é diferente, pois o conceito *norma jurídica* mobiliza, no seu interior, muitos outros importantes conceitos, tais como *antecedente normativo*, *consequente normativo*, *materialidade*, *espacialidade*, *temporalidade*, *relação jurídica*, *intersubjetividade jurídico-normativa*, *sujeição ativa*, *sujeição passiva* etc. Enfim, "os conceitos são pontos móveis sobre os quais se apoiam as linguagens científicas".[76]

Vilém Flusser, em *Língua e Realidade*,[77] traz uma interessante relação entre palavras/termos e conceitos. Segundo o autor, é da natureza humana buscar uma ordem (*cosmos*) no mundo com vistas a governá-lo e modificá-lo, dado que o caos seria insuportável. Para tanto, fixa, por meio de palavras/termos, aparências dentro de uma estrutura geral e, em seguida, estabelece regras ou relações de coordenação e subordinação entre tais palavras, de onde surgem os conceitos. Observa, ainda, Flusser que "essa estrutura deve funcionar de duas maneiras: deve permitir a fixação de cada aparência dentro do esquema geral [...]; e deve permitir a coordenação entre as aparências [...]".[78] Conclui, assim, Flusser que "o primeiro esforço, o da fixação, equivale a uma catalogação do mundo. O segundo esforço, o da coordenação, equivale a uma hierarquização do mundo".[79]

---

75. *Ibid.*, p. 31.

76. Idem, ibidem.

77. FLUSSER, Vilém. *Língua e Realidade*. 3. ed. São Paulo: Annablume, 2007.

78. *Ibid.*, p. 39.

79. *Ibid.*, *loc. cit.*

Os conceitos surgem em decorrência desse esforço de coordenação das aparências fixadas por meio de palavras/termos, hierarquizando o mundo. Daí porque, segundo Alberto Peruzzi, "toda vez que nosso conhecimento relativo a dado campo de experiência tem alcançado um nível de decantação 'suficiente', procede-se de modo a organizar hierarquicamente os conceitos".[80]

Esse parece ser o caso da palavra *Metaverso*. Trata-se de uma noção que, em razão dos debates técnico-científicos travados recentemente em torno dela, caminha para se estabelecer enquanto conceito operativo no jogo de linguagem das mais diversas ciências, a exemplo da ciência do Direito. Metaverso tem sido, cada vez mais, instrumento de comunicação, organização, generalização, comparação, problematização e aprofundamento entre os membros das mais diversas comunidades científicas.

Conforme observa Sílvia Piva, "Metaverso, vale reforçar, ainda é uma hipótese [...], concebida como o uso da Web de forma imersiva, na qual a realidade virtual (que também é real) se funde à experiência física, a partir de uma interação total com as atividades do indivíduo".[81] Acrescenta, ainda, a autora que o Direito, enquanto ciência, "terá um papel fundamental nos próximos anos: o de mapear os desafios e implicações jurídicas do metaverso".[82]

À guisa de síntese, palavra/termo e conceito não se confundem. Há, de todo modo, uma linha tênue entre eles, pois a palavra/termo é o suporte físico do conceito, de sorte que uma determinada palavra pode alçar o *status* de conceito em determinado jogo de linguagem.

---

80. PERUZZI, Alberto. *Definição*. Tradução de Jaqueline Engelmann. Rio de Janeiro: PUC; Loyola, 2018, p. 21.

81. PIVA, Silvia. O Metaverso é para o Direito? Nau D'Dês. Campinas, 05 dez. 2022. Disponível em: https://www.nauddes.com.br/metaverso/o-metaverso-e-para-o-direito/. Acesso em: 05 jun. 2023.

82. *Ibid.*

2.2.2 Distinção entre conceito e definição

Conceito e definição também não se confundem, muito embora mantenham relação umbilical entre si. A compreensão dessa relação tênue demanda, por sua vez, prévio conhecimento da estrutura interna e externa de um conceito, conhecida, respectivamente por intensão.

A intensão (ou compreensão) de um conceito diz respeito ao conjunto de características ou notas que preenchem e circunscrevem a sua dimensão invariante, a partir do que se torna possível diferenciar uma categoria de objetos ou eventos de outros. Trata-se, portanto, do conteúdo conceitual ou do "esclarecimento das características que o constituem".[83] Por sua vez, a extensão de um conceito diz respeito "ao grau de sua abrangência em relação a vários fenômenos e objetos".[84] Diz respeito à categoria de objetos ou eventos denotada ou representada pelo conceito.

Há algumas interessantes relações que podem ser exploradas entre intensão e extensão conceitual. A mais elementar, mas não menos importante, diz respeito à "lei de proporcionalidade inversa", que estabelece uma relação inversa entre intensão e extensão conceitual. Conforme esclarece Benoit Hardy-Vallée,[85] por essa lei

> [...] quanto mais "subimos" na hierarquia e, portanto, mais objetos há na extensão, menos são as propriedades relativas à categoria. Inversamente, quanto mais "descemos" na hierarquia e, portanto, menos objetos há na extensão, mais são as propriedades comuns.

---

83. BARROS, José D'Assunção. *Os Conceitos:* seus usos nas ciências humanas. Petrópolis: Vozes, 2016, p. 72.

84. *Ibid., op. cit.*

85. HARDY-VALLÉE, Benoit. *Que é um Conceito?* Tradução de Marcos Bagno. São Paulo: Parábola, 2013, p. 93.

Dito de outro modo, quanto maior ou mais elementos contiver a intensão ou a compreensão de um conceito, menor será a sua extensão ou o conjunto que compõe a categoria de objetos ou eventos que ele denota. De outro lado, quanto menor a intensão de um conceito, ou seja, quanto mais geral e amplo um conceito for, maior será o seu campo extensional, ou seja, maior será o conjunto que compõe a categoria de objetos ou eventos que ele denota.

Essa relação inversa nos diz que a construção de um conceito não é tarefa simples, de modo que "há por isso uma responsabilidade considerável na construção de todo conceito, ou na aceitação de alguns conceitos já existente".[86] Isso porque, "ao revolvermos um conceito, podemos alterar (imaginariamente) o universo, assim como podemos interferir concretamente no mundo social e político".[87]

Tem-se, por exemplo, o curioso caso envolvendo o conceito de *planeta* e *Plutão*. Durante anos ou até mesmo séculos, a intensão do conceito *planeta* continha notas ou características tais que contemplavam o corpo celeste *Plutão* na sua extensão. Várias gerações aprenderam nos bancos escolares que *Plutão* era um planeta. Entretanto, a partir de 2006, os membros da União Astronômica Internacional (IAU) alteraram a intensão do conceito *planeta*, de sorte que *Plutão* deixou de ser classificado como planeta.

Numa analogia estabelecida por José D'Assunção Barros, circunscrever um conceito, preenchendo-o com notas e características, se assemelha à afinação de um instrumento musical, que se torna adequada somente na medida em que a afinação atinge um ponto de equilíbrio apropriado à melodia.

86. BARROS, José D'Assunção. *Os Conceitos:* seus usos nas ciências humanas. Petrópolis: Vozes, 2016, p. 93.

87. *Ibid., op. cit.*

Assim, um conceito demasiado amplo, sem muitas notas, acaba por nada generalizar e nada comparar, perdendo operatividade dentro de um jogo de linguagem científica, já que todos os objetos ou eventos nele se subsomem. Por outro lado, um conceito contendo demasiado número de notas ou características acaba, no limite, por se restringir a um único objeto ou evento, o que também retira sua potencialidade generalizadora e comparativa, convertendo-o numa palavra/termo. Conforme analisa José D'Assunção Barros,

> Para que um conceito que se refere a apenas um objeto ou processo singularizado [...] e para que um conceito no qual todos os objetos terminam por caber? Em uma situação [...] o conceito perde todo o seu potencial de generalização e de funcionar como um instrumento para comparar objetos distintos. Na outra situação, [...] a generalização é inócua, e também não há mais objetos a comparar e contrastar entre si, ou singularidade a identificar.[88]

No campo da ciência do Direito, há conceitos demasiado amplos, de pouca intensividade ou contendo poucas notas características de seu conteúdo, cujo uso acaba por gerar dificuldades no interior desse jogo de linguagem. Por exemplo, os conceitos de *justiça*, *liberdade* e *igualdade*. Pouca ou quase nenhuma nota delimitativa há no conteúdo desses conceitos, de modo a auxiliar nas suas respectivas compreensões. Por isso é comum, algumas vezes, referências à *justiça*, à *liberdade* e à *igualdade* mais como ideias ou noções do que como conceitos propriamente ditos.

Em vistas disso, seu uso em linguagem que requeira maior rigor ou precisão pode engendrar muitas dificuldades operativas. Isso porque, por se tratar de conceitos demasiado amplos, um universo indefinido de objetos ou eventos neles se enquadram, resultando em perda de potência comunicativa, comparativa e problematizadora. Por outro lado,

---

88. BARROS, José D'Assunção. *Os Conceitos:* seus usos nas ciências humanas. Petrópolis: Vozes, 2016, p. 72.

conceitos como *legalidade* (ao menos em sentido estrito), *não cumulatividade* e *irretroatividade* portam maior número de notas ou elementos característicos de seus conteúdos, o que permite uma delimitação mais precisa dos objetos ou eventos que em cada um deles se enquadra.

Importa registrar, ainda, que dois conceitos podem ter a mesma extensão, sendo, portanto, coextensivos, mas ser diferentes do ponto de vista da intensão ou compreensão. Isso implica dizer que dois conceitos, ainda que diferentes em conteúdo ou intensão, podem denotar o mesmo conjunto de objetos ou eventos.

Um exemplo bastante comum entre os filósofos da linguagem diz respeito às seguintes expressões: *o mestre de Platão* e *o marido de Xantipa*. Ambas as expressões são, do ponto de vista conceitual, coextensivas, pois denotam o mesmo indivíduo: *Sócrates*; ou seja, possuem a mesma extensão. Entretanto, a primeira expressão porta notas ou características que remetem à ideia de cunho pedagógico/acadêmico, enquanto a segunda porta notas que remetem à ideia relacionada ao grau de parentesco ou de relação familiar.

No campo do direito positivo, isso ocorre quando duas ou mais normas incidem sobre os mesmos fatos jurídicos (mesmos eventos), mas propagam efeitos jurídicos diversos. Isso se explica, do ponto de vista da linguagem, em razão de tais normas possuírem a mesma extensão, mas diferirem em intensão. Por exemplo, sobre os fatos jurídicos "operações mercantis com mercadorias" incidem tanto normas jurídicas de natureza tributária quanto normas jurídicas de natureza civil. O campo objetal dessas normas é o mesmo. Entretanto, o fato de incidirem sobre o mesmo conjunto de fatos jurídicos (eventos) não quer dizer que a norma jurídica tributária e a norma jurídica de direito civil sejam iguais.

Por fim, outra importante relação que há entre intensão e extensão diz respeito à percepção de que, via de regra, é a intensão de um conceito que determina sua extensão.

Conforme visto, as características primárias do conceito são generalidade e abstração, as quais o tornam capaz de representar uma categoria de objetos ou eventos. Generalidade e abstração, por sua vez, decorrem de elementos invariantes que possibilitam perscrutar uma dada realidade num estado de permanência e estabilidade. O invariante é, assim, a propriedade do conceito que não varia e que permite diferenciar uma categoria de objetos ou fenômenos de outros.

Assim, ao delimitar um conceito com notas e características intensionais, o que se faz é, com isso, delimitar seu campo extensional ou o conjunto de objetos e eventos que ele representará, como no caso do conceito de *planeta* e *Plutão*. Por exemplo, se *cadeira* é o conceito cujas características ou notas remetem a um artefato composto por quatro pernas, um encosto, cuja utilidade é servir como assento, um artefato que contenha três pernas, ainda que contenha encosto e sirva como assento, não pertencerá ao conjunto de objetos denotados pelo conceito de *cadeira*. Daí porque, via de regra, é a intensão que determina a extensão.

Essa regra não é, contudo, absoluta. É possível que a extensão de um conceito acabe por alterar sua intensão. Na esteira de José D'Assunção Barros, "pressões exercidas no âmbito da 'extensão' (campo de aplicação) de um conceito podem demandar alterações retroativas na sua 'compreensão' (definição do conceito)".[89]

Basta reconhecer na hipótese em que *cisne* seja definido como a ave com notas ou características "x, y, z e penas/plumas brancas". O aparecimento de uma ave com notas ou características "x, y, z, porém, com penas/plumas pretas" poderia ensejar duas possibilidades: ou seria considerada como não sendo um cisne ou a intensão do conceito *cisne* seria alterada para abranger tais aves de penas/plumas pretas.

---

89. BARROS, José D'Assunção. *Os Conceitos:* seus usos nas ciências humanas. Petrópolis: Vozes, 2016, p. 53.

Hans Blumemberg[90] cita o exemplo do conceito de *cigarro* e de *charuto*. Durante um tempo, observa o autor, havia, do ponto de vista ótico, táctil e de gosto, clareza entre os objetos que eram considerados como cigarros e os objetos que eram considerados como charutos. Entretanto, o aparecimento, no plano empírico, de novos produtos situados entre um (cigarro) e outro (charuto) acabou por forçar uma alteração na intensão desses conceitos, de modo a abarcar esses novos produtos.

Fenômenos dessa natureza, em que a extensão força alterações na intensão conceitual, têm sido recorrentes em tempos de revolução tecnológica, afetando, sobremodo, o jogo de linguagem do direito. São exemplos as discussões acerca do conceito de *livro* para fins de incidência da regra de imunidade tributária, que acabou por se estender às mídias (livros) digitais,[91] bem como as recentes discussões sobre situações concretas em que não se sabe muito bem se seria prestação de serviço ou industrialização, ou até mesmo se seria prestação de serviço ou venda de mercadorias.

Essas considerações entre intensão e extensão de um conceito permitem, por sua vez, falar-se da distinção entre conceito e definição. Conforme descrito, palavra/termo é o ente linguístico que serve de suporte físico para um conceito. A definição, por sua vez, é o meio pelo qual a intensão e a extensão conceitual são explicitadas dentro de um jogo de linguagem.

A definição traz o conceito do plano do pensamento para o plano da linguagem intersubjetiva. Conforme Alberto Peruzzi, por meio da definição se exprime "os conceitos

---

90. BLUMENBERG, Hans. *Teoria da não Conceitualidade*. Tradução de Luiz Costa Lima. Belo Horizonte: UFMG, 2013.

91. Súmula Vinculante 57: "A imunidade tributária constante do art. 150, VI, d, da CF/88 aplica-se à importação e comercialização, no mercado interno, do livro eletrônico (*e-book*) e dos suportes exclusivamente utilizados para fixá-los, como leitores de livros eletrônicos (*e-readers*), ainda que possuam funcionalidades acessórias."

fundamentais sobre os quais se fundamenta tudo quanto dizemos saber. E quando se procura fornecer essa precisão linguística, recorremos a *definições*".[92]

Na definição de um conceito comparecem dois elementos: a palavra/termo, enquanto suporte físico do conceito, chamado de *definiendum*, e o conjunto de notas ou características atribuídas ao conceito, chamado de *definiens*. Alberto Peruzzi chama a atenção para o fato de que, "frequentemente, o termo 'definição' é usado para indicar somente o *definiens*, e não o enunciado inteiro que correlaciona *definiens* e *definiendum*".[93]

Outro exemplo é o conceito de *não cumulatividade* como "a regra segundo a qual é possível compensar-se do imposto devido em cada operação com mercadorias ou prestação de serviços com o montante cobrado nas anteriores". Nesse caso, *não cumulatividade* é o *definiendum*. Já "a regra segundo a qual é possível compensar-se do imposto devido em cada operação com mercadorias ou prestação de serviços com o montante cobrado nas anteriores" é o *definiens*.

2.3 Forma e aquisição de conceitos

Para além de tratar sobre os aspectos estruturais do conceito, resta, ainda, tratar de duas perguntas fundamentais, quais sejam: como os conceitos são adquiridos? Como os conceitos representam os respectivos conjuntos de objetos ou eventos? Há, a esse respeito, três principais correntes teóricas: a empirista, a racionalista e a analítico-linguística.

Para os empiristas, o conceito provém das sensações e tem o formato de uma ideia imperfeita. De acordo com essa

92. PERUZZI, Alberto. *Definição*. Tradução de Jaqueline Engelmann. Rio de Janeiro: PUC; Loyola, 2018, p. 17.

93. *Ibid.*, p. 16.

perspectiva, primeiro os objetos e eventos são percebidos por meio dos sentidos. Após, tais objetos e eventos são reunidos conforme suas características comuns, a partir do que surgiria um conceito como uma ideia geral e abstrata contendo essas características comuns, porém imperfeita.

Dito de outro modo, de acordo com essa perspectiva, o conceito surge de um processo indutivo: ao se deparar, por exemplo, com o milésimo cisne branco, chegar-se-ia ao conceito de *cisne*, em que *branco* comparece como uma das notas que caracterizam o invariante desse conceito. Entretanto, esse conceito seria uma ideia imperfeita dos objetos ou eventos que representa, pois nada impede que o milésimo primeiro cisne a ser percebido seja de uma cor diferente. Está implícita na base dessa concepção teórica sobre a forma e aquisição dos conceitos a compreensão de que a extensão é que determina a intensão. Dito de outro modo, é a experiência perceptiva que moldará os limites e o conteúdo conceitual.

Para os racionalistas, observa Benoit Hardy-Vallée, o conceito provém de uma inspeção do espírito, assumindo o formato de ideia geral, pura e perfeita, distinta do conhecimento sensível, que é imperfeito. Sendo a experiência imperfeita, por ser inconstante e impermanente, somente a razão seria capaz de fixar um invariante conceitual, garantindo generalidade e abstração permanente e estável.

Sob essa perspectiva teórica, portanto, o conceito seria um produto da razão – uma concepção pura e perfeita –, com invariante estável e permanente, de sorte que os objetos e os eventos é que precisam se enquadrar dentro dos limites conceituais. Na base dessa perspectiva teórica sobre a aquisição e forma dos conceitos está a compreensão de que a intensão conceitual é que determina a extensão conceitual. Ou seja, uma vez preenchidos os traços ou notas do conceito, fixando seu invariante, qualquer objeto ou evento que nele não se enquadra fica fora de seu campo extensional.

A fórmula da *tipicidade cerrada* em matéria tributária associada à ideia de *subsunção* é um bom exemplo disso: a norma tributária contém todos os traços ou notas que circunscrevem sua materialidade, de sorte que um fato jurídico somente surtirá os efeitos previstos no consequente dessa norma se estiver perfeitamente enquadrado no campo de extensão de sua materialidade.

Por fim, para os adeptos da corrente analítico-linguística, os conceitos são adquiridos *na* e *pela* linguagem. Um conceito consiste, na sua essência, em um ente da linguagem, de operatividade fundamental dentro do processo comunicacional. Os conceitos não proveem, assim, da percepção ou da razão pura, mas sim da circunstância de, enquanto seres históricos e finitos, o intérprete ser inevitavelmente participante de comunidades linguísticas, de onde herda os conceitos que são sempre pré-conceitos. Conforme observa José D'Assunção Barros,

> Antes de tudo, devemos sempre considerar que os conceitos são históricos. Eles surgem no interior de uma história e concomitantemente não cessam de alterar a própria história, uma vez aflorados no campo de discussões relacionados a uma disciplina ou também nos meios políticos e sociais no qual eles estabelecem uma praticidade.[94]

Adquirem-se os conceitos, portanto, *na* e *pela* linguagem, enquanto participante de uma comunidade linguística. Os conceitos não são, sob essa perspectiva teórica, ideias imperfeitas engendradas pela percepção do indivíduo, tampouco produto da razão pura, mas sim linguagem herdada da tradição. Isso implica dizer que "a construção de um patrimônio conceitual não se dá de uma única vez, mas sim ao longo de uma história que envolve os inúmeros pensadores e

94. BARROS, José D'Assunção. *Os Conceitos:* seus usos nas ciências humanas. Petrópolis: Vozes, 2016, p. 52.

praticantes de um determinado campo de estudos".[95] Os conceitos são, em resumo, pré-conceitos, adquiridos por membros participantes de um constante diálogo com a tradição.

Enquanto linguagem, os conceitos atuam na construção da realidade. Seguindo as lições de Vilém Flusser,[96] a linguagem permite fixar as aparências dentro de uma estrutura organizada e catalogada, a partir do que é possível, por meio dos conceitos, estabelecer regras ou relações de coordenação e subordinação entre elas. Daí porque, defende esse autor, conhecimento, realidade e verdade são aspectos da linguagem.

3. BREVES NOTAS SOBRE O DIREITO

Ao longo da história da Dogmática jurídica, muitas teorias são desenvolvidas sobre esse conceito: do Jusnaturalismo ao Idealismo, um sem-número de desenhos possíveis para aquilo que se tem por Direito.

A postura assumida nesta obra filia-se à noção Positivista do Direito: só valem para regular as condutas, comandos criados dentro de uma organização estatal localizada geográfica e historicamente; Direito é aquilo que está *posto* no tempo e no espaço.

Nas palavras de Paulo de Barros Carvalho, o Direito é "o complexo de normas jurídicas válidas num dado país".[97]

Essa premissa se consolida na noção de que a regulação de condutas de uma determinada sociedade, num determinado momento histórico, é realizada por meio de

---

95. *Ibid.*, p. 24.

96. FLUSSER, Vilém. *Língua e Realidade*. 3. ed. São Paulo: Annablume, 2007, *passim*.

97. CARVALHO, Paulo de Barros. *Curso de Direito Tributário*. 19. ed. São Paulo: Saraiva, 2007, p. 3.

regras criadas por sujeitos pré-habilitados pelo próprio Direito, para a proteção e garantia de valores, decorrente, inevitavelmente, de um ato de valoração humana.

Tal postura Positivista, entretanto, não desconsidera o Culturalismo, mas ao contrário, o utiliza como pano de fundo em relação aos valores. Isso porque a sociedade está cada vez mais cercada de cultura; é formada por ela. Quanto maior o acesso a informações e experiências, mais vasto e rico é o repertório valorativo que pode ser construído.

Assim, essa valoração é responsável pela formação do Direito, pela construção do repertório de mensagens que o Direito contém para determinar o modo de agir da sociedade. Isso porque se trata de um repertório prescritivo.

O ser prescritivo é um dos adjetivos mais relevantes do texto jurídico para a finalidade que ora se apresenta. Isso porque o objetivo principal de um texto é comunicar e a comunicação realizada pelo Direito é sempre no sentido de direcionar as condutas dos sujeitos em relação aos seus pares. A construção desse texto tem, portanto, o objetivo de fazer com que os destinatários dessas mensagens ajam de acordo com a valoração imposta por esse sistema jurídico;[98] é, portanto, um sistema comunicacional.

Comunica como devem se comportar os indivíduos e órgãos de uma determinada sociedade na criação e uso dessas mensagens.[99] Comunica, portanto, como devem ser as relações interpessoais, quais são seus limites e formatos.

---

98. Utiliza-se ao longo do texto as expressões *Direito* e *Sistema Jurídico* como sinônimas.

99. Como não corresponde ao objetivo central do texto, traz-se em nota a seguinte ideia: o ato inaugural do Direito se dá com a norma hipotética fundamental. Hipotética, pois não se pode aferir a real competência para essa ação; há, nesse raciocínio, um corte sobre o que é possível falar. *Fundamental*, porque as normas – e o próprio Direito – que dela sucedem são criadas por um conjunto de determinações de pessoas e procedimentos competentes para regular as condutas. Assim, criar e manusear normas são sinônimos de aplicar o Direito, com restrição a um arquétipo

O Direito comunica seus elementos por meio das normas jurídicas. Essas normas são o resultado de decisões – atos de fala – dos sujeitos habilitados às suas produções.

Nessa toada, o Direito se ocupa em regular condutas hoje, não ontem nem amanhã, pois a afirmação de que se pode aferir sua localização histórico/geográfica se justifica pelo fato de que suas atenções se voltam para aquilo que é do social; e é a partir da observação de uma realidade social que se desenvolve, que o Direito atua, criando sua própria realidade, por meio de presunções e ficções, face ao tecido social de relações intersubjetivas.

Em uma velocidade maior, seja pela adequação de conceitos já existentes, seja pela inovação sintática do corpo normativo, o Direito regula comportamentos, traduzindo para seu contexto – o do dever-ser – o formato desejado dessa conduta.[100]

Dessas primeiras afirmações, se desdobram algumas questões que merecem ser mais bem desenvolvidas. Assim, o relato de uma situação da realidade social, de possível ocorrência no antecedente normativo, estabelece um conceito jurídico, na medida em que se torna prescritivo de conduta.

Um conceito é a condensação de uma ideia, e o uso desse conceito diz respeito à intensionalidade que o indivíduo lhe atribui.

> A escritura e a palavra não têm significação em si mesmas, enquanto os estados de alma se assemelham às coisas. É necessário distinguir entre semelhança e significação. Entre os nomes e as coisas não há semelhança completa: os nomes são limitados,

---

já delineado, justificado pela *autopoiese* desse Sistema.

100. Assim como salienta Clarice Araújo: para a realidade jurídica, a comunicação estará sempre envolvida em um contexto social e cultural; as interações humanas constituem o contexto que interessa ao Direito como sistema de regulamentação das condutas (ARAUJO, Clarice Von Oertzen de. *Semiótica do Direito*. São Paulo: Quartier Latin, 2005, p. 57).

> enquanto as coisas são numericamente infinitas. É inevitável designar várias coisas com um único nome.[101]

Assim, o uso racional de um conceito nada mais é que sua adequação (a do conceito) à finalidade que se propõe e, sendo o Direito um objeto cultural, o objetivo da sua criação atende ao objetivo de regular condutas.

3.1 Como surge o direito?

Quando se evidencia o referencial tomado como premissa para a análise de um objeto, impõe-se o caminho possível desse processo. Isso porque, ao afirmar que se tem uma concepção positivista do Direito, implica que seu surgimento segue rituais pré-determinados.

A positivação do Direito decorre da seleção de certas situações, observadas no âmbito da realidade social por sujeitos credenciados a executarem tal ação, baseadas nas preferências culturais dos observadores, que as tomam como motivo para a criação de novos regramentos destinados a regular como os sujeitos devem se relacionar entre si.

A determinação dos sujeitos aptos a realizarem essa observação (o legislador *lato sensu*) bem como os procedimentos necessários para atingir tal finalidade são os pilares desse processo denominado *fonte do direito*, cujo produto é o próprio Direito.

Nesse ponto, vale ressaltar o papel valorativo na escolha das situações que demandaram regulação jurídica, pois é ele o representante da força motriz da fonte, limitado tão somente pelo fundamento de validade outorgado pelo próprio Direito, garantindo sua regularidade e estabilidade.

---

101. OLIVEIRA, Manfredo Araújo de. *Reviravolta Linguístico Pragmática na Filosofia Contemporânea*. 3. ed. São Paulo: Loyola, 2006, p. 29.

O Direito, antes mesmo de regular outras condutas, regula sua própria forma; sua estrutura é determinada de acordo com a distribuição de competências especificadas no interior de seu corpo: o Direito persegue a realidade.[102]

Isso porque o Direito se incumbe de acompanhar as mudanças sociais, promovendo adaptações a essas novas realidades que se impõem, de modo que o Direito é parte da sociedade, podendo ser reconhecido como a ferramenta apta a conduzir relações intersubjetivas, bem como dar solução a possíveis demandas decorrentes de desvios nessas relações.

Desse modo, um processo decisório do legislador requer[103] observação da realidade social como justificativa, mesmo que essa realidade ainda estiver *localizada* exclusivamente no campo da possibilidade,[104] ou seja, que ainda não se

---

102. A realidade jurídica, por contar com fontes de produção própria, representada pelos processos de concreção do direito, pode ter uma autonomia relativa da realidade social, mas não uma independência (ARAÚJO, Clarice von Oertzen de. *Ontologia e Semiótica Legal:* o Direito como objeto complexo. *In:* GOMES, Daniel de Paiva; GOMES, Eduardo de Paiva; CONRADO, Paulo Cesar (coord.). *Criptoativos, tokenização, blockchain e metaverso:* aspectos filosóficos, tecnológicos, jurídicos e econômicos. São Paulo: Revista dos Tribunais, 2022. p. 81-120, p. 98).

103. "O tipo, que está na hipótese, é o conjunto de fatos que satisfazem a predicação, isto é, a conotação seletivamente construída. Por isso, o *fato jurídico* pode ou não coincidir com o *suporte fáctico total*. Com frequência, não se superpõem.
O ser-sistema é a forma lógica mais abrangente. As partes são as proposições. Onde há sistema há relações e elementos, que se articulam segundo leis. Se os elementos são proposições, sua composição interior obedece a certas leis de formação ou de construção. O legislador pode selecionar fatos para sobre eles incidir as hipóteses, pode optar por estes ou aqueles conteúdos sociais e valorativos, mas não pode construir a hipótese. Pode vincular livremente, em função de contextos sociais e de valorações positivas e de valores ideais, quaisquer consequências às hipóteses delineadas. Mas não pode deixar de sujeitar-se às relações formais ou lógicas que determinam a relação de implicação entre hipóteses e consequências D(H → C)" (VILANOVA, Lourival. *Estruturas Lógicas e o Sistema de Direito Positivo.* 3. ed. São Paulo: Noeses, 2005, p. 202).

104. Poder-se-ia falar em uma lei que trouxesse previsão de redução da carga tributária, ou mesmo isenções, a exemplo do que aconteceu por ocasião da Copa do Mundo Fifa 2014, a lei nº 12.350/2010. O referido diploma é anterior à realização do evento desportivo, entretanto posterior ao procedimento de escolha e determinação do país como sede do torneio. Uma coisa são as normas gerais e abstratas, cujo efeito esperado é prospectado para o futuro, por meio da incidência sobre situações de possível ocorrência; outra, bem diferente, é a criação de normas que tragam

tenha presenciado condutas previstas em suas regras. Nesse caso, o Direito age na preparação do arcabouço normativo para que a realidade possa surgir de forma harmônica e dentro de padrões desejados – com maior efetividade, portanto.

> Há, necessariamente, um intervalo entre a realidade social, constituída pela linguagem natural e a realidade jurídica, constituída pela linguagem do direito. Isso porque esta última se constrói a partir da primeira, assumindo a feição de uma linguagem de segundo grau, com rigoroso processo seletivo, seja na absorção dos acontecimentos que hospeda em suas hipóteses, seja pela ação deôntica de seus operadores, realizando o código lícito/ilícito.[105]

Referindo-se ao Direito por um conjunto de normas postas, sua finalidade não é outra senão a de atingir o bem comum. Age selecionando condutas da realidade social que pretende regular para, então, codificá-las a partir do lícito/ilícito; assim, o texto normativo serve como um *manual social* do que pode, deve ou não deve ser feito. O Direito age na disciplina de condutas dos indivíduos, viabilizando o convívio social.

3.2 O manejo de conceitos pelo direito

Como visto, o Direito é um sistema em constante evolução. Por estar inserido no contexto cultural de uma sociedade, adapta-se, com ela e por ela, às mudanças promovidas por seus indivíduos ao longo da história.

---

como previsão situações sequer consideradas na realidade social. Essa situação descrita não implica tratar de um deslocamento do possível para o necessário ou para o impossível; apenas tratamos do inconcebido. Isso porque, muito embora o Direito regule as condutas nos modais deônticos (O, P, V), seus comandos incidem no campo da ontologia, regulada pelos modais aléticos (I, N, M). Dizer que o Direito pode se antecipar a uma conduta social não implica assumir a possibilidade de sua incidência sobre o necessário ou sobre o impossível).

105. CARVALHO, Paulo de Barros. *Direito Tributário:* Fundamentos Jurídicos da Incidência. 11. ed. São Paulo: Noeses, 2021, p. 140.

À medida que essas mudanças se aceleram, em especial pelo advento da tecnologia, o manejo de conceitos torna o papel do intérprete (em especial aquele que fala em nome do Direito, *autêntico*, nas lições de Kelsen) desafiador.

Considerando a relação interativa entre o Direito e outros sistemas sociais, como a Sociologia, a Psicologia, a Economia e a Filosofia, a construção de conceitos jurídicos pode ser influenciada. A compreensão da linguagem está intrinsecamente ligada ao seu uso em contextos sociais específicos nos quais ela está envolvida. A linguagem adquire seu significado e função através de sua utilização em situações reais e da interação entre os participantes.[106]

Internamente também, as linguagens produzidas pelo Direito se influenciam. Num processo de intertextualidade contínuo, a aplicação de normas, seja como fundamento de validade para normas gerais e abstratas, enunciados prescritivos genéricos, seja como resultado da positivação propriamente dita, na construção de comandos individuais e concretos, é a forma como os conceitos se atualizam.

Entretanto, há que se ressaltar o papel criativo do Direito na construção de conceitos, pois "a linguagem do direito cria o domínio do jurídico, isto é, o campo material das condutas intersubjetivas, dentro do qual nascem, vivem e morrem as relações disciplinadas pelo direito".[107]

Ao utilizar conceitos já existentes em outros sistemas, o legislador exerce o papel de tradutor e, com isso, detém

---

106. De acordo com a noção de *jogos de linguagem* obtida no segundo Wittgenstein, em que atribui papel central à linguagem (e não mais *referencial* como apresentou no primeiro). Assim, de acordo com Wittgenstein, a linguagem não deve ser considerada apenas como um sistema de símbolos que representam o mundo, mas como uma prática viva e dinâmica, enraizada em contextos sociais e culturais. Compreender a linguagem requer atenção às suas diferentes formas de uso e aos jogos de linguagem específicos em que ela está inserida.

107. CARVALHO, Paulo de Barros. *Direito Tributário:* linguagem e método. 7. ed. São Paulo: Noeses, 2018, p. 275.

a "possibilidade de o direito alterar a abrangência dos termos, que seja manuseada por outros campos do saber".[108] Como o Direito incide sobre a realidade social e não coincide com ela, compete a ele construir seu próprio repertório limitado, exclusivamente, à temática das condutas intersubjetivas. Para tanto, deve fazê-lo pela criação de normas jurídicas, ente constitutivo do sistema normativo.

O ato de fazer incidir uma norma jurídica sobre a realidade social nada mais é que uma tradução, e a consequência de se considerar a norma jurídica único elemento constitutivo do Direito implica dizer que está se manuseando um sistema sintaticamente fechado: suas portas apenas se abrem para normas jurídicas, construídas a partir de procedimento previsto internamente, executado por órgão previamente habilitado para tanto. O modo jurídico de apropriação de conceitos perpassa, inexoravelmente, pela norma.

Sempre que se trata de norma, trata-se de conceitos jurídicos aplicados na construção de uma relação jurídica. Norma jurídica não transpassa o limite linguístico do ambiente jurídico para atingir a conduta na realidade social. Ao obrigar, permitir ou proibir determinadas situações, tem a função exclusiva de relacionar a elas uma consequência, caso venha a ocorrer, estabelecendo uma relação jurídica em virtude da ocorrência desse fato.

Tratar do conceito de *relação jurídica* é sempre um desafio, como pondera Lourival Vilanova:

> Não é possível definir o conceito de relação jurídica mediante gênero próximo e diferença específica: indo-se ao conceito imediatamente subordinante e descendo ao conceito imediatamente

---

108. "[...] liberdade de tradução com uma nova e mais elevada prerrogativa. Não é do significado da comunicação que ela recebe o seu fundamento, aliás porque a tarefa da fidelidade é precisamente emancipá-la deste significado" (CASTELLO BRANCO, Lucia. *A tarefa do tradutor, de Walter Benjamin:* quatro traduções para o português. Tradução de Fernando Camacho. Belo Horizonte: Fale; UFMG. 2008, p. 40).

> subordinado. O que se faz, diante de um conceito fundamental é descrevê-lo. Ora evidenciando suas *notas essenciais constituintes*, ora indicando o seu campo de aplicação (os objetos de sua *extensão*, quando o campo é finito e determinável). *Descreve-se* a relação jurídica quando se menciona que consta de *dois termos* (um *referente*, outro *relato*), um *operador relacionante* (expresso em adjetivos e verbos, e, até, em advérbios), que há um sentido ou vector que indica direção interna na estrutura da relação jurídica.[109]

Já no concernente à aplicação dos conceitos jurídicos, a premissa é de que essa atividade sempre depende de interpretação prévia, de uma escolha do legislador na construção da norma.[110] Tomando como exemplo o instituto da *súmula vinculante* que é resultado de uma sequência de decisões no mesmo sentido, demonstrando entendimento pacificado no STF e, em que pese ser de aplicação obrigatória pelos tribunais e administração pública, tem caráter de norma geral e abstrata.

3.3 Sujeitos de direito

Se o Direito é o conjunto de normas jurídicas com a finalidade de regular as condutas entre pessoas, quem são elas? São os sujeitos de direito.

Sujeitos de direito são pessoas que desempenham papéis nas relações jurídicas previstas em um determinado sistema jurídico. Essa condição não é ontológica – inerente à natureza

109. VILANOVA, Lourival. *Causalidade e Relação no Direito*. 4. ed., rev., atual. e ampl. São Paulo: Revista dos Tribunais, 2000, p. 234.

110. "[...] em verdade, a Constituição nada diz; ela diz o que esta Corte, seu último intérprete, diz. E assim é porque as normas resultam da interpretação e o ordenamento, no seu valor histórico-concreto, é um conjunto de interpretações" (GRAU, Eros. Voto. *In:* BRASIL. Supremo Tribunal Federal. *Recurso Extraordinário n. 390.840/MG*. Relator: Ministro Marco Aurélio. Julgamento: 09 maio 2005. Órgão Julgador: Tribunal Pleno. Publicação: DJ, 25 maio 2005, p. 9).

dessas pessoas –, mas sim construção normativa decorrente de valoração dentro de um sistema jurídico específico.[111]

Tanto assim, que os limites dessa atuação são conferidos por meio de normas jurídicas: maioridade civil[112] e penal,[113] idades mínimas para elegibilidade na carreira política[114] são exemplos dessas condições. Aos sujeitos de direito oriundos de humanos, atribui-se o conceito de pessoa física.

Há, entretanto, os sujeitos de direito representantes de pessoas físicas para determinados fins, denominados pessoas jurídicas. Isso porque sua personalidade é constituída juridicamente e justificada pela exclusividade de competência para produzir determinados atos no campo do Direito. São sujeitos de direitos de natureza incorpórea, atuando na representação de interesses de indivíduos, em

111. O direito é norma. Quer seja a pessoa individual, quer sejam os entes coletivos, só tem personalidade jurídica quando a ordem jurídica lhes permitir. Assim, a ideia de personalidade está ligada à ideia de norma, sendo a personalidade jurídica uma imputação normativa (CAMARA, Maria Helena Ferreira da. Reflexões sobre o conceito de pessoa jurídica em Kelsen. *Revista de Informação Legislativa*, Brasília, ano 22, n. 86, p. 349-360, abr./jun. 1985. Disponível em: https://www2.senado.leg.br/bdsf/bitstream/handle/id/181643/ 000419707.pdf?sequence=3&isAllowed=y. Acesso em: 28 maio 2023).

112. "Art. 5º A menoridade cessa aos dezoito anos completos, quando a pessoa fica habilitada à prática de todos os atos da vida civil" (BRASIL. Presidência da República. Lei nº 10.406, de 10 de janeiro de 2002. Institui o Código Civil. *Diário Oficial da União*, seção 1, p. 1, 11 jan. 2002).

113. "Art. 27 - Os menores de 18 (dezoito) anos são penalmente inimputáveis, ficando sujeitos às normas estabelecidas na legislação especial" (BRASIL. Presidência da República. Decreto-Lei n. 2.848, de 7 de dezembro de 1940. Código Penal. *Diário Oficial da União*, seção 1, p. 23911, 31 dez. 1940).

114. "Art. 14, § 3º. São condições de elegibilidade, na forma da lei:
[...]
VI – a idade mínima de:
a) trinta e cinco anos para presidente e vice-presidente da República e senador;
b) trinta anos para governador e vice-governador de estado e do Distrito Federal;
c) vinte e um anos para deputado federal, deputado estadual ou distrital, prefeito, vice-prefeito e juiz de paz;
d) dezoito anos para vereador" (BRASIL. Presidência da República. Constituição da República Federativa do Brasil de 1988. *Diário Oficial da União*, seção 1, p. 1, 05 out. 1988).

específicas formas jurídicas, para situações determinadas e reguladas pelo próprio Direito.[115]

Alguns exemplos dessa representatividade podem ser trazidos como a prática de atividades econômicas, que em muitos casos somente podem ser realizadas por empresas; o processamento e recebimento de heranças, que depende da formação do espólio, ou mesmo a disputa a cargos políticos somente possível pela formação de partidos políticos.

Sem norma, porém, não existem pessoas físicas nem, tampouco, pessoas jurídicas; não existe espólio ou massa falida. Todos esses conceitos são criações do Direito, ficções em relação à realidade social ou natural com o objetivo de atribuir, a esses sujeitos, direitos e deveres de acordo com a capacidade que o sistema jurídico lhe outorga.

> Os sujeitos no Direito são as pessoas. Tradicionalmente se distinguem as pessoas físicas das pessoas jurídicas, apontando que as primeiras correspondem ao reconhecimento de uma realidade natural (o homem) prévia à existência de um ordenamento jurídico, enquanto que as segundas necessitam de tal suporte, sendo produto de criação de regras. Esta posição, como já demonstrou a concepção normativista do Direito, é inaceitável, pois desconhece o caráter jurídico da chamada pessoa física, que não pode ser entendida senão como uma construção que o ordenamento jurídico realiza, exatamente igual no caso da chamada pessoa jurídica. [...] Mas o homem não é pessoa por definição, senão em virtude de que um ordenamento jurídico lhe atribui qualidade de sujeito de Direito. [...] Não existe diferença alguma, portanto, quanto ao seu conceito, entre a chamada pessoa física e a

---

115. Nessa linha, importante a contribuição Rubem Nogueira: "As pessoas jurídicas, também chamadas pessoas morais, coletivas ou de existência ideal – realidades do mundo jurídico, não são do mundo sensível – são entes dotados de personalidade e constituídos de pessoas naturais, a que se reconhece existência própria, ou de patrimônio personificado (as fundações). [...] Sua existência, como a das pessoas naturais, tem começo e fim. [...] Sua existência não se confunde com as das pessoas que as compõem e sua representação, ativa ou passiva, nos atos judiciais e extrajudiciais, cabe a quem os respectivos estatutos indicarem e, no silêncio destes, pelos seus diretores. Têm, também, nome, domicílio e capacidade de gozo e de exercício de direitos" (NOGUEIRA, Rubem. *Curso de introdução ao estudo do Direito.* 4. ed. São Paulo: Noeses, 2007, p. 161).

> chamada pessoa jurídica. Ambas são criações ônticas do Direito, em virtude das quais se estabelecem os elementos necessários de caráter pessoal da ação. Toda ação tem um sujeito.[116]

Essas pessoas jurídicas podem ser criadas com ânimo duradouro, como é o padrão das empresas e partidos políticos, mas pode surgir exclusivamente para a prática de determinados atos, como no caso da massa falida que se extingue com o fim do processo falimentar.

Com a evolução da sociedade, novos sujeitos surgem no contexto normativo. Impactos sociais gerados pela informalidade na prestação de serviços, por exemplo, foram a justificativa para a criação do Microempreendedor Individual (MEI), pela LC 128/08. Para fazer a opção pelo enquadramento como MEI, o indivíduo precisa ter um faturamento limitado (R$81mil/ano), ter no máximo um funcionário que receba salário-mínimo ou o piso da categoria, não exige a contratação de um contabilista ou a emissão de notas fiscais (para grande parte das atividades) e a atividade econômica exercida precisa constar de um rol taxativo, representativo das principais atividades que atuam de maneira informal e que não estão sujeitas a uma regulação própria.

As exigências trazem um reflexo de quais categorias de profissionais estão mais afetadas pela informalidade e a facilitação do processo de enquadramento pretende ser um atrativo para contornar o problema que traz impactos negativos no âmbito social, econômico e previdenciário.

Exemplo relevante e que foge dessa dinâmica do binômio pessoas físicas e pessoas jurídicas refere-se a outro ponto que justifica a criação de sujeitos de direito, mas que já fora abordado no presente estudo: a evolução da sociedade. Há menos de 100 anos, na Constituição de 1937, foi concedido o

116. ROBLES, Gregorio. *As Regras do Direito e as Regras dos Jogos:* ensaio sobre a teoria analítica do direito. Tradução de Pollyana Mayer. São Paulo: Noeses, 2011, p. 44-45.

direito ao voto às mulheres. Até então, a isonomia partia de valores que não refletem mais a sociedade. A dinâmica jurídico-normativa atual não comporta um desequilíbrio desses em virtude de gênero, de modo que as pautas que envolvem igualdade se situam em estágios bem mais avançados. Em virtude desse progresso é que novos paradigmas são alçados. Um deles é o de reconhecimento de animais como sujeitos de direito pelo PL 179/23, cuja iniciativa pretende regulamentar a família multiespécie, ao atribuir direitos a animais, os categoriza como *sujeitos de direito*.[117]

A evolução do conceito de *sujeito de direito* tem, portanto, evoluído ao longo do tempo, e, em certos contextos, tem havido discussões sobre a extensão desse conceito a outros animais, reconhecendo a superação da ideia de classificá-los como objetos ou *semoventes*. Embora animais não humanos ainda não sejam considerados pessoas com direitos civis completos, há exemplos de reconhecimento de sua capacidade civil nos sistemas jurídicos.

Essas construções normativas são fundamentais para determinar quem são os atores do jogo jurídico, ou seja, a quem se pode atribuir direitos e deveres perante outros atores – outros sujeitos de direito. Essa determinação sempre decorre de uma observação da realidade social, de uma

117. Esse tema tem sido pauta reiterada nos tribunais brasileiros e internacionais, e sua proteção é inaugurada com a previsão do inciso VII do artigo 225 da CF, dispondo *in verbis*: "proteger a fauna e a flora, vedadas, na forma da lei, as práticas que coloquem em risco sua função ecológica, provoquem a extinção de espécies ou submetam os animais a crueldade", e que caminham como os exemplo da Chimpanzé argentina, que foi paciente de um HC impetrado em seu favor (JORNAL NACIONAL. Chimpanzé argentina ganha habeas corpus e vai para santuário no Brasil. *G1*. São Paulo, 05 abr. 2017. Disponível em: https://g1.globo.com/jornal-nacional/noticia/2017/04/chimpanze-argentina-ganha-habeas-corpus-e-vai-para-santuario-no-brasil.html. Acesso em: 28 maio 2023), e (ii) Recurso Especial nº 1.389.418/PB, que decidiu manter o papagaio Leozinho em ambiente doméstico e negar pedido do IBAMA, em virtude de se entender que sua inserção na natureza causaria prejuízos para ele e sua tutora (BRASIL. Superior Tribunal de Justiça. Recurso Especial nº 1.389.418/PB. Relator: Ministro Og Fernandes. Julgamento: 05 jun. 2017. Órgão Julgador: Decisão Monocrática. Publicação: 07 jun. 2017).

necessidade verificada por aqueles que exercem o papel criativo de normas jurídicas ao colherem, das relações sociais, eventos que merecem ser regulados pelo Direito, dentro de suas competências.

Em todas as relações jurídicas, sempre haverá um ser humano. E, embora em algumas relações o titular do interesse jurídico seja um sujeito não humano (pessoas jurídicas) é importante ressaltar que relações jurídicas ocorrem sempre entre seres humanos.[118]

A necessidade de criação de pessoas jurídicas, portanto, é fundamental para atribuir a cada uma dessas espécies de sujeitos o marco temporal de seu aparecimento (e desaparecimento), bem como dos efeitos desses dois eventos, a forma como os demais sujeitos devem se comportar perante eles.[119]

E, à medida que a sociedade evolui, expande-se a necessidade de criação de novos conceitos, novos sujeitos representantes dessas novas realidades. Assim, a equiparação de conceitos, por exemplo, de um ser humano a um avatar,[120] como indivíduo de uma sociedade, nada mais é do que fruto dessa produção intelectual e terá validade dentro do contexto de competência daquela criação, de modo que ser sujeito de direito corresponde ao critério de pertencer a

---

118. "Art. 49-A. A pessoa jurídica não se confunde com os seus sócios, associados, instituidores ou administradores". (BRASIL. Presidência da República. Lei nº 13.874, de 20 de setembro de 2019. Institui a Declaração de Direitos de Liberdade Econômica; [...]. *Diário Oficial da União,* seção 1, p. 1, 20 set. 2019).

119. "Art. 7º. A lei do país em que domiciliada a pessoa determina as regras sobre o começo e o fim da personalidade, o nome, a capacidade e os direitos de família (Lei de Introdução às Normas Brasileiras - LINDB).
[...]
Art. 45. Começa a existência legal das pessoas jurídicas de direito privado com a inscrição do ato constitutivo no respectivo registro, precedida, quando necessário, de autorização ou aprovação do Poder Executivo, averbando-se no registro todas as alterações por que passar o ato constitutivo" (BRASIL. Presidência da República. Lei nº 10.406, de 10 de janeiro de 2002. Institui o Código Civil. *Diário Oficial da União,* seção 1, p. 1, 11 jan. 2002).

120. Conceito que será explorado em item adiante.

uma determinada nação, justificando, desse modo, as diferenças entre sujeito nato e sujeito naturalizado ou mesmo das empresas nacionais ou multinacionais.

A personalidade jurídica de um sujeito é reconhecida apenas no âmbito do Direito interno, e não no Direito internacional, visto não possuir capacidade de buscar a garantia de seus direitos no âmbito internacional, já que está vinculado a um determinado Estado – com exceção aos casos de garantia de direitos humanos, em que a relação do sujeito com a nação à qual pertence é secundária em detrimento dos seus direitos individuais. A personalidade jurídica é uma relação de pertencimento de um sujeito a um Estado.

Desse modo, para se poder falar em atuação desses sujeitos em âmbitos diferentes, há que se ter acordos entre países, bem como normatizações supranacionais que viabilizem não apenas seu trânsito, mas também a convivência pacífica entre eles.

3.4 Competência

Quando o tema é a competência para instituir tributos, há que se levar em conta o Sistema Jurídico do qual se está partindo. O brasileiro é classificado como um dos mais rígidos e fechados de que se tem notícia: o tema da tributação, com seus limites e competências, está previsto constitucionalmente, e o processo de alteração é restrito e complexo.

Sabe-se que o Direito acaba sendo decorrente de relações de poder, em conformação com o momento histórico, político, social, territorial etc. Referido poder influencia na adequação desse Direito, inclusive para seu próprio processo de criação.

> Para o Direito, o Estado nada mais é do que o ordenamento jurídico, originário e soberano, de um povo. E, o traço distintivo e específico do Estado é a soberania, entendida como o poder

> supremo autônomo e originário, e não reconhece, acima de si, nenhum outro poder.[121]

No Brasil, o Estado é a única instituição soberana, e somente ele pode reconhecer outros ordenamentos e disciplinar relações com as demais pessoas que convivem em seu território, conferindo-lhes existência e validade.

Sendo o Direito um sistema organizado de elementos, essa organização demanda uma estrutura, onde o encaixe de cada uma dessas *peças* chamadas de normas jurídicas exercerá papel específico da imposição de condutas, por nexos de coordenação e fundamentação.

É a competência o instituto jurídico regrado pelo Direito, que, embora dispense o exame de fatores de poder, imprescindivelmente faz a análise de enunciados que normatizam o dever-ser do Estado, seus órgãos e funções que devem exercer, além dos limites de autuação.

A competência nasce limitada por ser disciplinada pelo Direito, pelas regras de um sistema jurídico-positivo. Sobretudo, é a Constituição o espaço onde estão os limites de competências.

Paulo de Barros Carvalho[1] ensina que *competência*, com as acepções encontradas no direito positivo e na doutrina, é termo próprio do vocabulário técnico-jurídico, empregado na Constituição para autorizar as pessoas políticas de direito constitucional interno a legislar sobre matérias determinadas, atribuindo-lhes aptidão para expedir regras jurídicas, inovando o ordenamento, e que se opera pela observância de uma série de atos.

Portanto, o Poder Constituinte é fonte para a Constituição Federal, e é esta que fixa as competências e vedações

---

121. CARRAZZA, Roque Antonio. *Curso de Direito Constitucional Tributário*. 24. ed., rev., ampl. e atual. até a Emenda Constitucional n. 56/2007. São Paulo: Malheiros, 2008, p. 130.

a serem observadas quando um ente for editar, especialmente, leis que digam respeito à estruturação orgânica e administrativa do país (arts. 20 a 33 da CFRB).[122]

Assim, pode-se dizer que a repartição constitucional de competências é a jurisdicionalização do poder,[123] ao estabelecer regras fixando atribuições institucionais, bem como delimitando a atuação dos órgãos do Estado, observando a proporcionalidade na distribuição de deveres de agir e assegurando a cada ente constitucional, inclusive da sua própria Administração Pública, que se tenha, de fato, uma Federação.

É do Estado a competência de estabelecer e distribuir competências, além de dispor sobre sua própria competência, de forma independente, dentro dos limites da soberania. O Estado é, portanto, um conjunto de competências. Fora desse conjunto, não há Estado, não há poder, não há direitos nem deveres.

3.5 Direito tributário

O Direito Tributário, por sua vez, é um conjunto de competências que envolve a instituição, a arrecadação e a fiscalização de tributos. Sua finalidade precípua é a de *patrocinar* as atividades estatais garantidoras dos direitos sociais; a fiscalidade, portanto. Isso porque a máquina estatal

---

122. Com a repartição de funções, instituição de órgãos específicos, para funções específicas, cada órgão é um centro parcial de imputação, como o Estado é o centro total de imputação, de criação e de aplicação do direito. Cada órgão é um plexo de atribuições, de faculdades, de poderes e de deveres: é um feixe de competência. Como núcleo parcial de competência é um ponto de imputação (de referência, de atribuição, de pertinência). A subjetivação, o fazer de um centro de imputação, um sujeito-de-direito, é um processo técnico no interior do sistema jurídico [...] (VILANOVA, Lourival. *Causalidade e Relação no Direito*. 4. ed., rev., atual. e ampl. São Paulo: Revista dos Tribunais, 2000. p. 265).

123. A expressão poder tributária significa a faculdade ou a possibilidade jurídica do estado exigir contribuições com respeito a pessoas ou bens que se achem em sua jurisdição (*id. Estruturas Lógicas e o Sistema de Direito Positivo*. 3. ed. São Paulo: Noeses, 2005, p. 185).

pouco produz, tornando necessária a colaboração privada no desempenho de tal encargo.

A soberania financeira é elemento essencial da soberania nacional, pois permite que um Estado exerça sua autoridade e determine o modo como pretende se comportar em assuntos relacionados à política fiscal e econômica, no atendimento às suas necessidades e objetivos internos, visando à arrecadação necessária para financiar as despesas públicas e promover o desenvolvimento econômico. Onde há Estado, há direito tributário. Ainda mais: quanto maior a parcela de serviço público prestado pelo Estado, maior sua necessidade arrecadatória.[124]

Esse dito patrocínio é obtido por meio do destacamento de parcela das demonstrações de riqueza dos participantes de uma determinada sociedade, portanto. Assim, a competência tributária define quais são essas ações e as distribui entre aquelas pessoas políticas que detêm o poder para tanto – na realidade brasileira, União, Estados, Municípios e Distrito Federal.

Como finalidade adjacente, a imposição tributária se utiliza da extrafiscalidade, objetivando resultados regulatórios, de desenvolvimento nacional e proteção ambiental, influenciando o comportamento da sociedade no intuito de alcançar determinados objetivos de política pública.

A forma de alcançar essas finalidades específicas pode se dar por meio de dois mecanismos distintos: (i) pela diferenciação de alíquotas, reduzindo-as naquilo que seja considerado essencial ou majorando o supérfluo e desencorajando o consumo daquilo que seja desaprovável ou (ii) pelos benefícios e incentivos fiscais, estimulando determinadas atividades ou regiões, como é o caso da Zona Franca de Manaus.

---

124. Não se quer dizer, entretanto, que o raciocínio invertido esteja correto: menos serviço público implique necessariamente em menor arrecadação. Pode haver distorções nos gastos públicos que não fazem parte do objeto do presente estudo.

A justificativa para uma tributação extrafiscal é a de uma ferramenta flexível e eficiente para influenciar comportamentos, corrigir externalidades negativas, promover políticas públicas e alcançar objetivos além da arrecadação de recursos financeiros para o Estado.

O cerne da questão aqui proposta é: o Estado é formado por um plexo de competências vigentes para um determinado grupo de pessoas localizadas histórica e geograficamente. A forma de organização e atuação do Estado, na realidade brasileira, se dá por meio de representantes dessa sociedade, nas funções legislativa, executiva e judiciária, que, quando investidos dessas funções, *deixam* de ser cidadãos, para serem Estado. E para movimentar essa máquina estatal está o tributo, que pode ser utilizado em sua função precípua, a fiscal ou indutora, com a extrafiscalidade.

3.5.1 Tributo

O conceito de tributo, por sua vez, representa a participação da sociedade no financiamento do Estado. Sendo ele *prestação pecuniária, compulsória, que não constitui sanção por ato ilícito e cobrada mediante atividade administrativa plenamente vinculada,*[125] algumas palavras sobre essas propriedades do tributo merecem ser colocadas.

Sobre ser uma *prestação pecuniária*, essa é a característica diretamente ligada à fiscalidade, aludida linhas atrás. Muitos deveres são imputados à sociedade em geral, perante o Estado, entretanto esse dever em especial será sempre representativo de uma obrigação, uma quantia em dinheiro a ser recolhida aos cofres públicos, de acordo com

125. Conforme art. 3º do CTN (BRASIL. Presidência da República. Lei nº 5.172, de 25 de outubro de 1966. Código Tributário Nacional. Dispõe sobre o Sistema Tributário Nacional e institui normas gerais de direito tributário aplicáveis à União, Estados e Municípios. *Diário Oficial da União*, seção 1, p. 12452, 27 out. 1966).

a riqueza demonstrada pelo particular, previamente estabelecida em lei, decorrente da competência tributária.

Essa prestação pecuniária será sempre *compulsória*, ou seja, modalizada como obrigatória. Assim, toda vez que ocorrer a materialidade prevista na norma, dará ensejo à obrigação tributária.

Quanto à forma de cobrança ser decorrente de *atividade administrativa plenamente vinculada,*[126] sabe-se que não é apenas para exercer essa função que o Estado se coloca; muitas outras atuações são de prerrogativa pública, como o poder de polícia e a representação perante outras nações.

Ocorre, entretanto, que o raciocínio que merece ser feito nesse momento é: para se falar em atividade estatal, é preciso haver Estado. A sociedade precede o Estado, e ele não surge naturalmente, como visto.

A organização estatal e o Direito que a regula são criações humanas representadas por competências, ou seja, por atos de fala inovadores da situação social. Qualquer nova atividade demonstrativa de riqueza bem como qualquer nova organização social carecem de regulação até se tornarem objeto de norma jurídica.

Não se tributa por analogia,[127] da mesma forma que não se estende a competência de um Estado além de seus

---

126. Sobre o conceito de *tributo*, bem salienta Paulo Ayres Barreto: "a importância da definição do conceito vai além do campo da doutrina, uma vez que a subsunção de uma prestação ao conceito de tributo importa a aplicabilidade de todo o regime jurídico tributário à obrigação. Não é o regime jurídico atribuído a uma obrigação que lhe predica a natureza tributária" (BARRETO, Paulo Ayres. Tributos. *In:* CARVALHO, Paulo de Barros; VIEIRA, Maria Leonor Leite; LINS, Robson Maia. *Direito Tributário – Enciclopédia Jurídica da PUCSP.* São Paulo: PUC, maio 2019. Disponível em: https://enciclopediajuridica.pucsp.br/ verbete/276/ edicao-1/tributos. Acesso em: 23 abr. 2023).

127. De acordo com Paulo de Barros Carvalho, tipicidade tributária é conferida pela "exata adequação do fato à norma e, por isso mesmo, o surgimento da relação jurídica se condicionará ao evento da subsunção [...] Não se verificando o perfeito quadramento, inexistirá obrigação tributária" (CARVALHO, Paulo de Barros. *Direito Tributário:* linguagem e método. 7. ed. São Paulo: Noeses, 2018, p. 286).

limites geográficos, por onde ele seja soberano. Isso porque a limitação conferida pela tipicidade cerrada está intrinsicamente ligada ao princípio da legalidade tributária, ao determinar, como limite objetivo, que é a imprescindibilidade de instrumento normativo primário – aquele cuja atividade é a de inovar o sistema normativo – para se falar em tributo. Por consequência, não se tributa por analogia, mas também não se tributa sem lei anterior que assim determine.

Isso porque o tributo demarca uma exceção ao direito de propriedade, por isso sua prática demanda o amparo do Sistema Constitucional Tributário, ou seja, o respeito aos princípios genéricos e aos tributários, a previsão na esfera de competência dos entes políticos, excetuando aquilo que está protegido pelas imunidades tributárias.

Há ainda que se mencionar sobre o princípio da universalidade,[128] próprio do Imposto sobre a Renda, que alcança toda renda auferida pela pessoa brasileira, seja ela física ou jurídica, em virtude de sua pertinência com o Estado nacional. A territorialidade no caso da tributação realizada pelo IR é da pessoa, e não da renda.

Não pretende, entretanto, a tributação da renda invadir competências de outras entidades soberanas, tributando riquezas obtidas fora de seu campo de abrangência, mas o princípio da universalidade da renda busca garantir que todas as rendas auferidas por domiciliados no Brasil sejam tributadas, independentemente de sua origem.

---

128. "[...] o princípio da universalidade implica o da territorialidade, e esta servirá como nexo para determinar o regime jurídico das rendas auferidas no interior do Estado brasileiro, seja por residentes ou não residentes.
[...]
O princípio da universalidade apenas predispõe um critério de conexão (pessoal: residência, domicílio, nacionalidade), legítimo e suficiente para justificar a tributação dos rendimentos de um sujeito de direito, independentemente do local de produção, ou seja, de a fonte efetiva da renda encontrar-se situada nos limites territoriais do Estado, ou não [...]" (*ibid.*, p. 740).

A soberania dos outros países, portanto, não é afetada.[129] Cada país possui sua própria legislação tributária, e tem o direito de tributar a renda gerada dentro de suas fronteiras, podendo estabelecer seus próprios critérios de tributação, incluindo a tributação de renda estrangeira.

No entanto, para evitar a dupla tributação internacional, muitos países têm acordos com outros países, visando a evitar que uma mesma renda seja tributada duas vezes, uma vez no país de origem e outra vez no de residência do contribuinte. Com a transposição de barreiras geográficas vividas na atualidade, esses acordos têm sido cada vez mais necessários.

4. DEFININDO CONCEITOS FUNDANTES DO DIREITO – METALINGUAGENS JURÍDICA E TECNOLÓGICA

Como visto no capítulo 2, um conceito é formado a partir da capacidade cognitiva de agrupar objetos, eventos ou ideias que possuem características semelhantes, num determinado contexto histórico-social.

Para formar um conceito, é necessário perceber e observar as características que são comuns entre diferentes objetos ou eventos. Os conceitos podem ser mais ou menos abstratos, dependendo da complexidade dos objetos ou ideias que estão sendo agrupados. Além disso, os conceitos podem ser refinados e alterados com o tempo, à medida que novas informações são adicionadas ou novas características são observadas.

129. Muito se discute, na atualidade, sobre a queda de fronteiras, devido à modernidade tecnológica transpor essas barreiras. Entretanto, o propósito da presente obra é desenvolver um estudo sobre o que se tem hoje de regulação e estruturação internacional. Não se quer, com isso, ignorar tais mudanças que se avizinham em grande velocidade, mas que ainda não substituíram o que está posto.

O discurso é moldado por diversas forças sociais, como a cultura, a política, a economia, as instituições, as ideologias, entre outras. As palavras, frases, expressões e símbolos usados nas interações linguísticas são produtos de visões de mundo existentes na formação social, que incluem crenças e experiências.

Nesse sentido, o homem seleciona e articula elementos que já existem na cultura e na sociedade, a partir das suas escolhas. A análise do discurso tem o papel de desfazer a ilusão idealista de que o discurso é uma expressão individual e subjetiva, mostrando como ele é condicionado e moldado pelas condições sociais e históricas em que é produzido, gerando efeitos diferentes a depender dos contextos sociais, partindo do pressuposto de que o discurso não é uma expressão pura da consciência individual, mas sim uma construção social e histórica que reflete as visões de mundo existentes na formação social.[130]

Por sua vez, a Constituição brasileira não define de forma precisa e detalhada todos os conceitos que utiliza.[131] Em vez disso, mantém abertura a permitir que os conceitos, por meio de interpretações sistêmicas, evoluam ao longo do tempo, buscando refletir as mudanças sociais, econômicas e culturais pelas quais a sociedade passa. O sistema

130. Em Fiorin, "A análise do discurso deve desfazer a ilusão idealista de que o homem é o senhor absoluto de seu discurso. Ele é antes servo da palavra, uma vez que temas, figuras, valores, juízos etc. provêm das visões de mundo existentes na formação social" (FIORIN, José Luiz. *Linguagem e Ideologia*. 6. ed. São Paulo: Ática, 1998, p. 77).

131. Nesse sentido é o voto no Recurso Extraordinário n. 390.840/MG do ministro Cezar Peluzo: "A Constituição Federal não explicita o sentido nem o alcance da palavra faturamento, como tampouco o faz em relação a 'tributo', 'propriedade', 'família', 'liberdade', 'vida', 'crime', 'cidadão', 'sufrágio', etc. Ou seja, não há, no texto constitucional, predefinição ou conceituação formal dos termos aí usados, nem seria conveniente que o houvesse em todos os casos, pois o texto deve adaptar-se às necessidades históricas da evolução socioeconômica, segundo sua vocação de abertura permanente" (PELUZO, Cezar. Voto. *In:* BRASIL. Supremo Tribunal Federal. Recurso Extraordinário n. 390.840/MG. Relator: Ministro Marco Aurélio. Julgamento: 09 maio 2005. Órgão Julgador: Tribunal Pleno. Publicação: DJ, 25 maio 2005, p. 6-7).

normativo então garante que a Constituição permaneça relevante e útil ao longo do tempo, adaptando-se às novas realidades e desafios que surgem.[132]

Compreender os limites de uso, formas de transformação e constituição de novas realidades fazem parte, portanto, da análise de conceitos.

É possível renomear coisas sem que elas percam suas características: mudança no suporte físico – plano sintático (agenda e *planner*), mas também pode-se pensar na evolução dos objetos, ou seja, mudança no significado – plano semântico (relógio: antes o analógico ou digital e agora o *smart*), ou mesmo a mudança no uso, na ideia ou significação que o intérprete desenvolve a partir do objeto – plano pragmático (pessoa idosa: com o aumento da expectativa de vida, a ideia que se tem de pessoa idosa vai sendo atualizada).[133] A evolução da linguagem se dá dentro do signo, seja em qualquer de seus vértices.

---

132. Não é só no tempo que os termos se mantêm, mas há também a necessidade de que as normas constitucionais sejam a base de construção de todo o sistema, como bem alerta Tácio Lacerda Gama: "poderíamos, inclusive, fixar uma regra segundo a qual: quanto mais geral e abstrata a norma, mais indeterminados são os seus âmbitos de vigência" (GAMA, Tácio Lacerda. *Competência Tributária:* fundamentos para uma teoria da nulidade. São Paulo: Noeses, 2009, p. 60).

133. Na Itália, por exemplo, a Sociedade Italiana de Gerontologia e Geriatria (SIGG) concluiu que atualmente uma pessoa só pode ser considerada idosa a partir dos 75 anos. Consoante veiculado pelo portal "Ansa-Brasil", "uma pessoa de 65 anos hoje tem a forma física e cognitiva de uma pessoa de 45 há trinta anos. Os que têm 75 têm as mesmas condições de quem tinha 55 nos anos 1980.
Os geriatras anunciaram a adoção de uma definição dinâmica do conceito de 'idoso', que se adapta às mutações das condições demográficas e epidemiológicas, levando em conta que, cientificamente, só se é idoso quando se tem uma expectativa de vida de mais dez anos. Atualmente, a expectativa de vida na Itália é de 85 anos para as mulheres e 83 para homens" (*SZNIFER, Moyses Simão. Um novo conceito de pessoa idosa.* Portal do Envelhecimento e Longeviver. São Paulo, 14 dez. 2018. Disponível em: https://www.portaldoenvelhecimento.com.br/um-novo-conceito-de-pessoa-idosa/. Acesso em: 17 abr. 2023).

4.1 Sociedade e Estado

Uma sociedade é representada pelo grupo de pessoas organizadas política e economicamente, num dado momento histórico e num mesmo espaço geográfico. Atualmente, essa convivência é regida pelo Estado, que determina o modo como devem se desenvolver tanto as relações privadas (entre sujeitos particulares) como também as públicas (de sujeitos particulares com a coletividade).

Esse formato é inaugurado com a formação das cidades gregas organizadas, com o surgimento do homem político, ou seja, do despertar pelas organizações das *polis* pelos interesses individuais – a formação do homem grego, inaugurando a ideia de terceirização da justiça.[134]

O conceito de *sociedade* pode ser destacado pela transição das organizações estatais comandadas pelos nobres, que se sucediam no poder, para estruturas que se aproximavam da formação da *polis*: os poemas de Homero descreviam o Escudo de Aquiles no centro da cidade de Esparta e as famílias nobres exercendo as atividades da justiça, antes exclusivas ao rei.

Essa evolução estrutural, garantida pelas primeiras notícias que se havia da mercancia, introduzia o dinheiro como elemento da sociedade, que até então contava com negociações de escambo. Dessa forma, o papel que cada indivíduo poderia exercer nas sociedades até então seria o de sobrevivência, sem nenhum direito a ele conferido.

> A herança platônica foi construída sobre o legado das **ideias políticas tipicamente gregas, mas que a tradição mantivera dispersas. Coube a Platão reuni-las e sistematizá-las.** Em primeiro lugar, a ideia de que a finalidade da política não é o exercício do poder, mas a realização da justiça para o bem comum da cidade;

---

134. Ideias trazidas a partir do pensamento de Werner Jaeger desenvolvido em *Paidéia*.

> em segundo, a ideia de que **o homem livre** (e somente o homem, estando excluídos aqui os escravos, os estrangeiros, os velhos, as crianças e as mulheres) **só é livre na *pólis* e participando da vida política, já que o indivíduo é sempre o cidadão.**[135]

O surgimento do Direito, tal qual regulam as sociedades até os dias atuais, é então consequência das discussões travadas entre os cidadãos livres e os nobres e apenas possível pelo enriquecimento dos alheios à nobreza. Essa ascendência só foi possível em virtude do surgimento do dinheiro, levando à ideia de que o poder esteja ligado ao dinheiro. Tem-se então a exigência de leis escritas para a garantia do direito igual para todos e a primeira noção do que seja a luta de classes.

Até então, o Direito era aquele proveniente dos deuses, a *Themis*, concedida aos nobres que agiam de acordo com essa vontade suprema e a depender dos envolvidos. Esse *benefício* era restrito àqueles que pertenciam aos grupos superiores, onde os demais sequer atingem o *status* de pessoa, que dirá detentores de direitos. É o direito imposto pela autoridade.

A lei escrita é traduzida pela *Diké*, primeira garantia de dar a cada um o que é seu segundo um procedimento, um processo decisório e uma pena (sanção), que serão semelhantes para casos semelhantes. É o direito promovido pela igualdade.

Essa igualdade pode ser considerada no sentido de aplicar penas e garantir direitos independentemente de quem sejam as partes, mas também no sentido de devolver aquilo que se tirou (Lei de Talião).

A evolução trazida por *Diké*, desse modo, não apenas garante procedimentos iguais, mas inclui a todos: nobreza no sentido de poder ser culpada e não nobres de poderem

135. CHAUÍ, Marilena. *Introdução à história da filosofia:* dos pré-socráticos a Aristóteles. v. 1, 2. ed., ampl. São Paulo: Companhia das Letras, 2002, p. 303, grifos do autor.

ser detentores de direitos: aproximar, assemelhar e reconhecer indivíduos. O sentimento de justiça surge na *polis*.

Diké institui medida, por isso seu surgimento tem elo com o dinheiro; uma criação capaz de dar medida única a coisas e situações.

Esse modelo de sociedade também dá origem aos conceitos de *público* e *privado*. Público é o ambiente onde todos os cidadãos convivem, comungando da coisa comum, do Estado, que, por sua vez, é gerido para os cidadãos por aqueles que os representem.

No que diz respeito ao espaço privado, ele estará diretamente ligado à noção de casa, onde as ações dos indivíduos se dão longe dos olhos dos demais, preservando sua intimidade para as ações daquilo que não poderia realizar na presença dos seus pares, portanto *privada* dos olhares alheios.[136]

Outro ponto emergente é a sobreposição do interesse público pelo particular, a noção de coletividade e pertencimento, de modo que estão afetados não apenas os indivíduos partícipes de uma demanda – os imediatos –, mas o processamento dessas demandas acaba por atingir indiretamente

---

136. "Essas noções, vai dizer Habermas (2003), foram transmitidas estilizadamente de geração em geração, desde os clássicos até os dias de hoje, com autêntica força normativa. Não se trata, segundo esse autor, de formação social, mas, sim, de modelo ideológico ou de categorias centrais transmitidas ao longo dos séculos, de modo que não somente o homem comum, mas as instituições e, sobretudo, as ciências (Direito, Política, Sociologia etc.) ainda não conseguiram arrumar um substituto para as tradicionais categorias 'esfera pública e esfera privada'. Em vista disso, e conforme disse Gadamer, importa empreendermos juízo crítico desses dois (pré) conceitos centrais, avaliando sua legitimidade na composição de nosso horizonte cultural em face da compreensão, interpretação e aplicação do direito nos dias atuais. [...] A esfera pública (*pólis*) consiste, assim, no espaço onde a informação armazenada é transmitida entre aqueles que interagem nesse espaço, gerando mais informações; enquanto a esfera privada (casa - *oikia*) é o espaço onde a informação, antes adquirida no espaço público, é processada. Atravessa-se a porta da casa, segundo Flusser (2014), para publicar o privado e, em retorno, para privatizar o público" (SOUZA, Luiz Claudio Nogueira de. *Fundamentos para uma teoria hermenêutica do direito pós giro linguístico*. 2023. Dissertação (Mestrado em Direito) – Instituto Brasileiro de Estudos Tributários, São Paulo, 2023, p. 13).

também a coletividade. Direito é retratado como uma virtude cívica geral; o bem comum garantido pelo respeito às fronteiras entre o próprio e o alheio. O Estado converte-se em um ser espiritual, traduzido não apenas nos limites territoriais, mas também nos ideais de seus indivíduos.

Antes, o poder era absoluto e centralizado, não havia a ideia de comunidade e igualdade; com a evolução, o conceito de *Direito* atinge o patamar de objeto cultural consciente, ou seja, aquele que reflete ideais, valores e necessidades do povo e para o povo, considerando um espaço geográfico e um tempo determinado. Tanto que a lei grega é considerada educadora e seu legislador classificado como um poeta: aquele que cria o Estado de Direito.

Com essa transposição dos limites meramente familiares de pertencimento – o indivíduo que antes participava exclusivamente de seu núcleo familiar e a localização em uma determinada casta o colocava dentro ou fora do âmbito de *Themis* –, passa a pertencer também a um grupo maior, a cidade. Os trabalhos desenvolvidos deixam de ser exclusivamente para si e passam a ter um valor para o coletivo. Isso porque essa organização de ofícios é garantidora do equilíbrio, da temperança da *polis*. Justo é aquilo que se apresenta como proporcional.

A questão então passou a gerar também conflitos *além-muro*, considerando que

> [...] toda escola de intérpretes, especialmente os judeus e cristãos, tentou inserir seu contexto e excluir os demais, sem nunca perceber que, se o primeiro objeto da revelação é o mecanismo gerador de toda cultura humana, todos os contextos são igualmente válidos.[137]

137. GIRARD, René. *Shakespeare*: teatro da inveja. São Paulo: É Realizações, 2010, p. 517.

Tal concepção é, por assim dizer, o retrato do que se tem por sociedade na contemporaneidade: um reflexo de ideais de um grupo, e, por mais diverso que seja dos demais, não os exclui, nem se sobrepõe a eles.

Nesse formato de Sociedade, o conceito de *soberania* está intimamente ligado, considerando a atuação do Estado como entidade independente com o direito de tomar suas próprias decisões e determinar seu próprio curso de ação. A soberania também está associada à ideia de integridade territorial, o que significa que as fronteiras de um Estado são invioláveis e devem ser respeitadas por outros Estados.

> O conceito de Estado se sujeita a inúmeras definições. Sociologicamente, é uma reunião de pessoas num dado território. Geograficamente, é um território ocupado por uma nação. Historicamente, é um grupo humano reunido ao longo de certo período. Politicamente, é uma coletividade soberana. Antropologicamente, um contrato social tácito firmado entre todos os membros de uma dada sociedade.[138]

Assim, a coexistência dos Estados deve ser pacífica, pelo reconhecimento e respeito mútuos, garantindo a estabilidade internacional que permita o desenvolvimento econômico, político e social de todos os países.

4.1.1 A divisão geográfica das sociedades

Diante do exposto acima, não se pode negar que sociedade e geografia sempre estiveram intimamente ligadas, já que a última estuda as relações entre os seres humanos e o espaço em que vivem e é uma ciência social que analisa as interações entre a sociedade e a natureza, e como essas interações influenciam a organização do espaço e a distribuição das atividades humanas.

---

138. VILANOVA, Lourival. *Estruturas Lógicas e o Sistema de Direito Positivo*. 3. ed. São Paulo: Noeses, 2005, p. 191.

A geografia também analisa as interações entre diferentes grupos sociais, as formas de organização territorial, a distribuição de poder e a formação de diferentes identidades culturais.

Assim, a geografia sempre foi fundamental para entender as transformações que ocorrem na sociedade, as desigualdades socioespaciais, os impactos ambientais e as dinâmicas territoriais que afetam a vida das pessoas.[139]

Historicamente, as sociedades foram se formando nas diferentes regiões do mundo, de acordo com suas características geográficas. Isso porque o perfil e a cultura dos povos apresentam características diferentes, por exemplo, motivados pelo clima e pelo relevo terrestre, influenciando suas formas de organização social, suas atividades econômicas e sua relação com o meio ambiente.

Relevante também é o papel das demarcações territoriais no interior das sociedades, como as divisões políticas e administrativas, as fronteiras e as divisões étnicas e culturais. Essas divisões têm impactos importantes nas relações intersubjetivas, influenciando as oportunidades econômicas, a distribuição de recursos e a identidade cultural dos grupos sociais envolvidos.[140]

Isso porque o Direito é cultura, e uma cultura se forma – e se mantém – a partir de escolhas de grupos sociais, condicionadas pelo tempo e pelo espaço em que se apresentam.

---

139. "[...] um território existe na precisa medida em que suas normas assim o definam. A qualquer referência feita ao espaço físico, somente podem ser tomadas como delineadoras do território juridicamente apreciável na medida em que as normas de um ordenamento sobre esses aspectos dispuserem" (BRITTO, Lucas Galvão. *O Lugar e o Tributo*. São Paulo: Noeses, 2014, p. 108).

140. Assim ensina Lourival Vilanova: "O Estado, por sua vez, nada mais representa que um plexo de competências" (*Estruturas Lógicas e o Sistema de Direito Positivo*. 3. ed. São Paulo: Noeses, 2005, p. 345).

4.1.2 Globalização e os novos formatos sociais

Na atualidade, entretanto, tem-se experimentado de forma cada vez mais intensa outro nível de relações, denominado *globalização*.

A superação de barreiras geográficas leva as relações entre sujeitos a um patamar que não se enquadra exclusivamente nos sistemas jurídicos nacionais (ou locais), tornando cada vez mais intensa a necessidade de regulamentações internacionais, como aquelas promovidas, por exemplo, pela Organização Mundial do Comércio (OMC), pela Organização das Nações Unidas (ONU) e pela Organização para a Cooperação e Desenvolvimento Econômico (OCDE), que visam a estabelecer regras e normas que regulem as relações comerciais, políticas e sociais entre os países.

Isso porque a globalização promove desafios às relações jurídicas, como a dificuldade de aplicação das leis nacionais em um contexto internacional, o risco de conflito entre as leis de diferentes países e a possibilidade de descompasso na proteção dos direitos entre as nações. Em consequência, há a necessidade da implementação contínua de esforço para o desenvolvimento de normas e instituições jurídicas internacionais que possam promover a cooperação e a harmonização entre os sistemas jurídicos dos países, que se mostra cada vez mais imprescindível.

Acordos internacionais e regulamentos das citadas organizações têm sido constantes, visando à manutenção e proteção de direitos fundamentais e da convivência pacífica entre as nações.[141] Esse procedimento é possível por meio de acordos e

141. Exemplo disso tem sido a atuação de Organizações internacionais com o intuito de pôr fim à guerra entre Rússia e Ucrânia:
https://gedes-unesp.org/a-atuacao-da-onu-no-conflito-entre-russia-e-ucrania/.
https://www.consilium.europa.eu/pt/policies/eu-response-ukraine-invasion/.
https://www.cartacapital.com.br/mundo/sem-paz-entre-russia-e-ucrania-paises-da-otan-promovem-corrida-armamentista/.

tratados internacionais que estabelecem padrões mínimos de proteção aos direitos humanos, ambientais e, mais intensamente, na atualidade, aqueles gerados pela interação digital. Em casos como esses é o consenso que representa o ato criativo de regulação de condutas.

Muitos são os exemplos que surgem: desde as locadoras de veículos que possuam mais de um domicílio fiscal e recebem cobranças de IPVA de tantos Estados quantos forem os domicílios, até a crescente situação dos nômades digitais, que não dependem de vínculos físicos para exercerem suas atividades profissionais.

> Com enorme frequência, as interações pessoais expandem-se para além dos marcos territoriais de um município, estado ou país. O progresso tecnológico, que se fez sentir com mais intensidade no século passado e se apressa a cada novo dia, é o grande responsável por mudanças radicais na forma como o homem contemporâneo relaciona-se com as distâncias, encurtando-as, em seu contato com o próximo.[142]

Numa e noutra situação, o que há de comum é que um único sistema jurídico não é capaz, isoladamente, de tratar da situação. Há que se pensar num *nível acima* de regulação, transpondo os limites locais (e muitas vezes os nacionais) para dar respostas.[143]

Com a evolução da tecnologia, distâncias físicas têm sido relativizadas, permitindo que, cada vez mais, pessoas mantenham contato e relações de todas as ordens (jurídicas ou não) se multipliquem com uma velocidade inédita, a

---

142. BRITTO, Lucas Galvão. *O Lugar e o Tributo*. São Paulo: Noeses, 2014, p. XXVI.

143. Nesse sentido: "O corpo social passou a organizar-se e reorganizar-se ao redor desse ente abstrato, que é a informação. Esse excesso informativo marcado pela não linearidade, contudo, tem prejudicado a própria capacidade do homem de verificar a origem e a veracidade das informações, selecionar quais são relevantes, assimilá-las e refletir a seu respeito, muitas vezes em detrimento do raciocínio preciso e aprofundado". (PADILHA, Maria Ângela Lopes Paulino. *Tributação de Software*. São Paulo: Noeses, 2020, p. 42).

partir de qualquer lugar do mundo. Ela (evolução) é responsável por facilitadores para a vida em sociedade e, especialmente tratando de comunicação, tem-se como exemplo a tecnologia atual e disruptiva, representada pelo Metaverso, como um espaço (não físico) de comunicação, de convivência, de atuação profissional[144] e social[145] das mais diversas ordens; um *espaço* imersivo que possibilita a coexistência de membros dos mais diversos locais do planeta, sobre o qual serão abordados detalhes oportunamente.

> Quando isso ocorre em setores de baixa regulação estatal, o desafio é absorvido por leis de mercado. Quando, porém, a inovação disruptiva tem lugar em setores regulados (serviços públicos tradicionais, por exemplo), a questão se apresenta mais complexa. A reação natural dos agentes econômicos dominantes se soma ao estranhamento do regulador estatal (que vê o risco de perder o protagonismo regulatório frente à contestação de mercado) e à baixa aderência das novas tecnologias a um *framework* que não a tomava em consideração.[146]

Até o atingimento da tecnologia atual, entretanto, muitos foram os avanços trazidos pela internet, que talvez tenha sido a maior responsável pelas relações transnacionais da atualidade.

---

144. "Orientada pelo avatar, a neurocirurgiã realiza a biópsia de um tumor num bebê, que na verdade é um boneco ultrarrealista. Os óculos permitem à cirurgiã enxergar o paciente, os colegas no centro cirúrgico e o avatar. E, mesmo sem fone de ouvidos, ela consegue ouvir o holograma" (FANTÁSTICO. Fantástico acompanha simulação de cirurgia no metaverso em hospital de SP; entenda como funciona. *G1*. São Paulo, 02 ago. 2022. Disponível em: https://g1.globo.com/fantastico/noticia/2022/08/02/fantastico-acompanha-simulacao-de-cirurgia-no-metaverso-em-hospital-de-sp-entenda-como-funciona.ghtml. Acesso em: 22 abr. 2023).

145. BIANCHI, André. Compras no METAVERSO WALMART - Experiência de Compra no Metaverso o que é, como é? *YouTube,* 07 jan. 2022. 1 vídeo (5min 39seg). Disponível em: https://www.youtube.com/watch?v= QXopT-jqtmU&ab_channel=CanalAndr%C3%A9Bianchi. Acesso em: 22 abr. 2023.

146. MARQUES NETO, Floriano de Azevedo; FREITAS, Rafael Véras de. Uber, Whatsapp, Netflix - Quando o mercado e a tecnologia desafiam a doutrina. *Jota.* São Paulo, 26 jan. 2016. Disponível em: https://www.jota.info/opiniao-e-analise/artigos/uber-whatsapp-netflix-quando-o-mercado-e-a-tecnologia-desafiam-a-doutrina-26012016. Acesso em: 16 jul. 2022.

4.1.3 Do constitucionalismo ao transnacionalismo – uma evolução necessária

Considerando um sistema jurídico nacional – tomado como exemplo o brasileiro –, a Constituição não é vista apenas como um documento singular, com patamar idêntico para todos os enunciados, mas sim como parte de um sistema hierárquico mais complexo, considerando a existência de diferentes níveis de normas constitucionais, que interagem e coexistem dentro desse sistema jurídico. Relevante exemplo é o das cláusulas pétreas, que não podem ser objeto de emendas constitucionais, e dos princípios jurídicos, que representam os valores soberanos da sociedade.

Para além da Constituição Nacional, existem outros documentos e normas que possuem *status* de norma geral e, portanto, são influência sobre todo o ordenamento jurídico. Entre elas podem ser mencionadas as Constituições Estaduais e Municipais, bem como tratados e convenções internacionais, que possuem força normativa em âmbito nacional.

Essa abordagem reconhece a interação e a influência mútua entre os diferentes níveis de normas constitucionais, possibilitando a integração de valores e princípios provenientes de diversas fontes normativas. Isso significa que cada nível de norma constitucional deve respeitar os princípios e fundamentos estabelecidos em níveis superiores. Por exemplo, as Constituições Estaduais devem estar em conformidade com a Constituição Nacional, e os tratados internacionais ratificados pelo país devem ser compatíveis com a Constituição.

Referida intertextualidade, entretanto, tem se mostrado ineficiente para promover resposta a todas as demandas jurídicas que se apresentam, considerando serem os limites nacionais superados e os sistemas constitucionais passem a interagir e se influenciar mutuamente em um contexto transnacional.

Com a globalização e o aumento da interconectividade entre os países, questões jurídicas transcenderam as fronteiras nacionais, exigindo respostas que vão além do âmbito puramente nacional, enfatizando a interdependência e a interação entre diferentes sistemas constitucionais, ou o transnacionalismo.[147]

O transnacionalismo, portanto, envolve a aplicação de princípios e normas constitucionais internas em um contexto global ao reconhecer que certas situações não podem ser adequadamente reguladas tomando em conta exclusivamente enunciados jurídicos nacionais, demandando, assim, cooperação transfronteiriças mais estreitas. Essa dinâmica já é muito comum em temas como direitos humanos, governança global, meio ambiente, comércio internacional, migração e terrorismo, agora reforçada por questões tecnológicas.

O transnacionalismo levanta questões desafiadoras sobre a relação entre o direito nacional e o direito internacional, a soberania do Estado, a aplicação interna de decisões judiciais estrangeiras e a legitimidade democrática de uma nação. É um campo em constante desenvolvimento e, por derivar de sistemas jurídicos profusamente diferentes, sua produção é desafiadora. E, "em relação à exigência funcional, considerar-se-á o transconstitucionalismo com fator da integração sistêmica da sociedade hipercomplexa da atualidade: promoção de uma 'ordem diferenciada de comunicações'".[148]

---

147. Nessa mesma linha: "O fato é que, mais recentemente, com a maior integração da sociedade mundial, esses problemas tornaram-se insuscetíveis de serem tratados por uma única ordem jurídica estatal no âmbito do respectivo território. Cada vez mais, problemas de direitos humanos ou fundamentais e de controle e limitação do poder tornam-se concomitantemente relevantes para mais de uma ordem jurídica, muitas vezes não estatais, que são chamadas ou instadas a oferecer respostas para a sua solução. Isso implica uma relação transversal permanente entre ordens jurídicas em torno de problemas constitucionais comuns" (NEVES, Marcelo. *Transconstitucionalismo*. São Paulo: Martins Fontes, 2009, p. XXI).

148. NEVES, Marcelo. *Transconstitucionalismo*. São Paulo: Martins Fontes, 2009, p. XXI, XXIV.

Essa hipercomplexidade causada pelas relações globais exige respostas além das fronteiras nacionais, e é nesse contexto que o transconstitucionalismo é um espaço, um mecanismo em que diferentes Instituições nacionais possam interagir, como atores que cooperem na formação de uma comunicação prescritiva de abrangência global, facilitando a harmonização e a convergência de princípios e normas em questões de interesse de múltiplas nações.

O transconstitucionalismo, nesse sentido, é visto como um fator de integração sistêmica, contribuindo para a formação de uma ordem jurídica transnacional mais abrangente e coerente com a sociedade em seu estágio de evolução.[149]

Outro ponto importante a ser destacado é que a observação e o acompanhamento das realidades sociais, pátria e mundial, são fundamentais para o avanço da legislação. Forte exemplo é o da regulamentação da tecnologia no Brasil, a partir do relatório OCDE de 2020, que traz diversos parâmetros para políticas públicas que possibilitem o atingimento de graus de desempenho próximo dos países mais desenvolvidos. Destacam-se os pontos com reflexo em arrecadação:

> Integrar os fundos setoriais em um único fundo para apoiar o desenvolvimento da economia digital; considerar a abolição de todas as contribuições setoriais a longo prazo.

---

149. Novamente Marcelo Neves traz importantes lições sobre o tema: "Um aspecto importante a ser considerado em relação à sociedade mundial refere-se ao fato de que os sistemas que detêm o primado no plano estrutural e semântico, isto é, a economia (associada à técnica e à ciência) e a mídia, respectivamente, não dependem de segmentação territorial para se reproduzirem. No caso da política, a situação é distinta. Embora seja um sistema da sociedade mundial, a sua reprodução ainda depende fortemente da segmentação territorial em Estados.

[...]

Mas a força crescente dos sistemas baseados primariamente em expectativas cognitivas, seja no plano estrutural (economia, técnica e ciência) ou semântico (meios de comunicação de massa) da sociedade mundial, tornou praticamente imprescindível a emergência de uma 'nova ordem mundial' concernente não só a processos de tomada de decisão coletivamente vinculante, mas também a mecanismos de estabilização de expectativas normativas e regulação jurídica de comportamentos" (*ibid.*, p. 30-31).

> Igualar a alíquota do imposto sobre mercadorias e serviços (ICMS) entre os estados, como primeiro passo para estabelecer um sistema federal de IVA.[150]

A implementação de práticas como essas proporciona ambiente em que as leis sejam produzidas em contexto com consciência das atualidades e, consequentemente, adequadas às necessidades e desafios enfrentados pela sociedade.

Ao adotar uma abordagem alinhada com padrões internacionais, o Brasil pode criar um ambiente mais propício para o desenvolvimento tecnológico, atrair investimentos e promover a competitividade no cenário global. É importante, entretanto, ressaltar que a legislação não deve ser uma mera cópia das políticas adotadas por outros países, mas sim adaptada às particularidades e necessidades do contexto brasileiro. No entanto, observar as boas práticas e as experiências bem-sucedidas de outras nações pode servir de referência e inspiração para aprimorar regulamentações existentes.

Desse modo, percebe-se que os sistemas jurídicos nacionais nem sempre são suficientes para regulamentar tudo o que se passa nas relações entre seus indivíduos, dando ensejo à criação de políticas transnacionais, mas também que muitas vezes o sistema jurídico nacional avança a partir dos exemplos estrangeiros.

4.2 O papel da comunicação nas formações sociais

Importante reconhecer, ainda, o papel da comunicação nas primeiras formações sociais existentes, a partir da

150. OECD. Políticas para a transformação digital: Recomendações para uma abordagem integral do governo (whole-of-government). *In:* OECD. Organisation for Economic Co-operation and Development. *O Caminho da Era Digital no Brasil.* Paris: OECD Publishing, 2020. p. 233-245. Disponível em: https://www.oecd-ilibrary.org/sites/9a112bbe-pt/index.html?itemId=/content/component/9a112bbe-pt. Acesso em: 21 maio 2023.

expressão de ruídos. Desde os primeiros ruídos e gestos, a comunicação tem sido uma ferramenta essencial para expressar ideias, sentimentos e necessidades, bem como para estabelecer e manter relações sociais.

À medida que as sociedades se desenvolveram e as comunidades se tornaram mais complexas, a necessidade de uma comunicação mais sofisticada se fez latente.

Assim, surgiram as línguas faladas, que permitiram aos seres humanos compartilhar informações de maneira mais detalhada e precisa. O desenvolvimento das línguas trouxe consigo a capacidade de contar histórias, expressar emoções, formar ideias abstratas e transmitir conhecimentos acumulados de geração em geração. As línguas faladas desempenharam um papel fundamental na formação de identidades culturais e na coesão social das comunidades.

Posteriormente, a invenção da escrita revolucionou a forma como as informações eram transmitidas e armazenadas. Com ela pode-se registrar eventos históricos, preservar conhecimentos e estabelecer sistemas sociais mais complexos. A escrita também permitiu a disseminação de informações além das barreiras geográficas e do tempo, expandindo o alcance da comunicação humana.

Nos últimos tempos, a comunicação digital emergiu como uma forma dominante de interação e troca de informações. A internet e as tecnologias digitais revolucionaram a comunicação, proporcionando acesso instantâneo e global a uma vasta quantidade de informações. As redes sociais, os aplicativos de mensagens e os meios de comunicação *on-line* permitem que as pessoas se conectem e se comuniquem com facilidade, independentemente da distância física.

Ao longo da história da humanidade, portanto, a comunicação evoluiu e se diversificou, passando de gestos e ruídos primitivos para as línguas faladas, a escrita e, mais recentemente, a comunicação digital. Em todas essas formas, a comunicação tem sido fundamental para a construção e a manutenção das sociedades humanas.

É possível afirmar que a comunicação teve um papel significativo na formação das primeiras sociedades humanas, permitindo que os indivíduos se aproximassem ou se afastassem de acordo com suas preferências e interesses. Essa comunicação primitiva foi um primeiro passo importante na formação de culturas e sociedades mais complexas que surgiram ao longo da história da humanidade.

> O nível de progresso nas sociedades humanas pode ser atribuído, com razoável margem de segurança, à maior ou menor capacidade de Comunicação entre o povo, pois o próprio conceito de nação se prende à intensidade, variedade e riqueza das Comunicações humanas.
>
> A própria sociedade moderna pode ser concebida como a resultante do aperfeiçoamento progressivo dos processos de Comunicação entre os homens – do grunhido à palavra, da expressão à significação.
>
> Esse esforço dos homens é de tal forma intenso que, não satisfeitos de se comunicarem entre si, no presente, entregam à Comunicação a tarefa de sobreviverem no futuro. Cada momento da Antiguidade é a representação desse esforço, concretizando o desejo de eternidade do homem, através da Comunicação.[151]

Pode-se pensar em demonstrações como a *Alegoria da Caverna*[152] e os filmes *Show de Truman - o Show da*

---

151. PENTEADO, José Roberto Whitaker. *A técnica da comunicação humana*. 13. reimpr. da 1. ed. de 1964. São Paulo: Pioneira Thomson Learning, 2001, p. XIII.

152. A *Alegoria da Caverna* é uma das obras mais famosas de Platão, presente em seu livro *A República*. É uma metáfora que descreve a condição humana e a relação entre o conhecimento e a ignorância. Na alegoria, Platão descreve seres humanos presos em uma caverna desde o nascimento, com as mãos e os pés acorrentados. Eles só podem olhar para frente, em direção a uma parede da caverna, e não podem ver o que está acontecendo fora dela. Atrás deles, há um fogo que projeta sombras na parede, e é isso que eles veem como a única realidade.
Platão argumenta que, se um dos prisioneiros fosse libertado e forçado a sair da caverna, ele ficaria desorientado e confuso com a luz do sol e a paisagem externa. Gradualmente, porém, ele se acostumaria e começaria a ver a verdadeira realidade,

Vida[153] e *Matrix;*[154] são produções artísticas representativas da parcialidade das experiências sociais. À medida que os indivíduos se submetem a determinados procedimentos, são capazes de conceber a limitação de "seus mundos". Enfatizam a importância de questionar a percepção da realidade e de estar ciente das forças externas que podem influenciá-la, formando seu repertório de experiências. Ressaltam, ainda, que a realidade percebida pode ser limitada, manipulada ou distorcida.

Isso significa que toda compreensão da realidade é sempre parcial e limitada, pois o sujeito cognoscente é um ser finito com percepções limitadas do mundo ao seu redor.

Daí decorre a importância do uso da linguagem: a fala, ponto inicial para a comunicação. A teoria do dialogismo de Bakhtin teve um impacto significativo nos campos da linguística e da comunicação, demonstrando a evolução da linguagem como um sistema estático, que revelava a

---

em vez das sombras, que ele antes considerava como a única verdade.

153. O filme é uma ficção e conta a história de *Truman Burbank*, um homem comum que vive em um mundo aparentemente perfeito, mas que é na verdade uma gigantesca produção televisiva, com sua vida sendo transmitida ao vivo para milhões de telespectadores. *Truman*, entretanto, ignora sua condição, mas gradualmente começa a perceber que algo está errado e que sua vida não é real.
Temas como privacidade, vigilância, manipulação da mídia e a busca pela liberdade são abordados no filme. Ele questiona se uma vida controlada é uma vida realmente vivida e se a realidade é algo que pode ser construído ou manipulado. É um exemplo de como a cultura (e sua evolução) pode ser usada para refletir sobre as experiências sociais contemporâneas.

154. O filme *Matrix* é uma obra de ficção científica que apresenta uma visão do futuro, no qual a humanidade vive em um mundo virtual criado por máquinas, enquanto seus corpos são utilizados como fonte de energia. Essa realidade virtual é conhecida como *Matrix* e é controlada por um sistema que engana os seres humanos para que acreditem que estão vivendo vidas normais.
É uma crítica à sociedade contemporânea, na qual as pessoas muitas vezes vivem em uma realidade construída por forças externas, como a mídia, a publicidade e as redes sociais.
Matrix pode ser interpretado como uma reflexão sobre as experiências sociais contemporâneas, como a construção de realidades alternativas, por exemplo, propondo um questionamento sobre a percepção da realidade e a importância de compreender a existência de múltiplas perspectivas sobre uma mesma situação.

verdade sobre as coisas, para a ênfase na natureza dinâmica e interativa da comunicação humana.

É a partir do dialogismo que se enfatiza a importância do diálogo e da interação verbal na construção do significado, considerando que a linguagem não é um fenômeno individual e isolado, mas sim um processo social que emerge das interações entre os participantes da comunicação.

É por meio da comunicação que a sociedade se estabelece.

Fazendo uso da comunicação, os indivíduos aprendem e internalizam os padrões culturais, normas, valores e crenças de uma sociedade específica. A linguagem, como forma de comunicação é utilizada para construir (e transmitir) tradições, mitos, histórias – todo o arcabouço de conhecimento cultural – de um indivíduo para o outro, de grupos para grupos, contribuindo para a construção da identidade coletiva.

A evolução desses processos leva a humanidade ao que se denomina *Sociedade da Informação*, termo usado para descrever sua atual fase, caracterizada pela ampla disponibilidade e acesso à informação, impulsionada pelo avanço das tecnologias de comunicação.

Na Sociedade da Informação, as tecnologias de informação e comunicação, como a internet, possibilitam o acesso a conhecimentos e recursos, facilitando a colaboração e a comunicação em escala global e cria novas oportunidades econômicas.[155]

155. "[...] a Sociedade da Informação se fundamenta na aceleração dos fluxos de informação, proporcionada pelos mecanismos tecnológicos de informação e comunicação, constituindo-se em uma nova proposta, inevitável, de construção do mundo globalizado" (PEREIRA, Rodrigo. Sociedade da informação e construção do conhecimento: uma relação constituída em face das novas tecnologias de informação e comunicação e a Ciência da Informação. *Revista Conexão Ciência On-line*, Formiga-MG, v. 4, n. 1, p. 75-84, 2009, p. 79. Disponível em: https://doi.org/10.24862/cco.v4i1.74. Acesso em: 27 maio 2023).

A informação é o *bem* mais precioso na atualidade e quanto mais combinações de dados[156] houver, ou seja, quanto mais se produz acerca de um tema, mais profícuo ele tende a ser. É a economia intangível que baseia a nova era da revolução (e da produção tecnológica), a atualidade.

4.2.1 Imersão em realidades não físicas: no princípio era o verbo[157]

Segundo Vilém Flusser, a linguagem é, cria e propaga a realidade.[158]

A partir dessa ideia, a linguagem assume o papel de sistema simbólico, utilizado com o fim de atribuir sentido a objetos. Essa construção se dá em virtude da sociedade compondo a cultura por ela produzida. Não é meio de expressar o sentido das coisas, não tem papel meramente descritivo, mas constitutivo delas. Não se pode conhecer uma realidade por outro meio que não pela linguagem.

E para que se atinja o conhecimento sobre determinado objeto, o papel da fala é de extrema importância: quanto mais se é capaz de produzir linguagem sobre um determinado objeto, mais se o conhece. Ocorre, entretanto, que a fala pressupõe o outro, é *para* o outro. Falar é propagar uma

156. Se a gente se dedicar a estudar o que a *indústria* vem fazendo para observar [telemetria!] e controlar [telecontrole!] seus produtos em situações de uso real, há muita coisa a se aprender a partir de lá, porque é uma história de mais de um século de tentativas, erros e... aprendizados, como não poderia deixar de ser. E um aprendizado é que gêmeos digitais, estes "primos pobres" dos avatares do metaverso, dependem de e são muito intensivos em *dados*. (MEIRA, Silvio. O Metaverso, Discado [3]. Disponível em: https://silvio.meira.com/o-metaverso-discado-3/. Acesso em: 31 out. 2023).

157. BÍBLIA SAGRADA. Tradução de João Ferreira de Almeida. *Evangelho de João*. Ed. ver. e atual. São Paulo: SBB, 1989, Capítulo 1, Versículo 1.

158. Disponível em: https://conteúdo.nauddes.com.br/agora-exploracao-metaverso. Acesso em: 23 maio 2023.
FLUSSER, Vilém. *Língua e Realidade*. 3. ed. São Paulo: Annablume, 2007, p. 20.

realidade (ou um conhecimento) em função de alguém que domine minimamente o código utilizado na mensagem.

Portanto, é também papel da linguagem a propagação da realidade. Por meio da comunicação, a linguagem influencia a maneira como o mundo é compreendido e como os sujeitos interagem com ele. O discurso conduz as relações sociais.

Segundo a perspectiva de Nietzsche, a verdade se baseia em relações figurativas da linguagem, o que a torna local e específica.[159] Essa verdade é construída por meio de uma série de convenções que, ao serem utilizadas por determinado grupo social ao longo do tempo, adquirem uma aparência de obrigatoriedade e certeza. Todos os conjuntos significativos de termos e palavras surgem, portanto, a partir de um processo de expressão verbal, através de uma dupla metáfora: uma que transforma um estímulo nervoso em uma imagem e outra que transforma a imagem formada em um som, ou seja, em uma palavra.

Essa perspectiva reconhece que os efeitos de sentido produzidos pelo discurso são historicamente construídos e refletem a percepção do mundo e a forma de pensar e agir dos indivíduos em determinado contexto histórico-cultural.

O critério histórico de produção da mensagem refere-se às condições em que o discurso é criado, considerando os objetivos e recursos linguísticos utilizados pelo emissor.

Trazendo o enfoque desse item para o papel criativo da linguagem, a realidade constituída pela linguagem no aspecto tecnológico é fácil de ser compreendida.

A linguagem desempenha um papel fundamental na constituição da realidade no aspecto tecnológico. Considerando seu aspecto mais simples, é por meio da linguagem,

---

159. NIETZSCHE, Friedrich. Humano, demasiado humano: um livro para espíritos livres. São Paulo: Companhia das Letras, 2000, *passim*.

como visto, que se pode expressar e compartilhar informações, mas também é por meio dela que se constrói, por meio de códigos, os sistemas tecnológicos.

No desenvolvimento de *software*, por exemplo, a linguagem de programação é a base para a criação de aplicativos, *sites* e programas. Diferentes linguagens de programação possuem sintaxes e estruturas distintas, o que afeta diretamente como um *software* é concebido e implementado. A escolha da linguagem de programação pode determinar o sucesso ou fracasso de um projeto tecnológico.

A linguagem também influencia a forma como o usuário interage com esses sistemas tecnológicos. As interfaces de usuário, por exemplo, são projetadas com base na forma como o potencial usuário compreende a linguagem. As escolhas das palavras e das configurações aparentes desse ambiente geram impacto na experiência do usuário.

Na construção de algoritmos, o processamento da linguagem humana é o ponto central. No aprimoramento desses sistemas, o *aprendizado* da máquina depende de grandes conjuntos de dados textuais para treinamento e desenvolvimento de modelos de linguagem. Tendo como base esses modelos, as máquinas são capazes de processar e até mesmo gerar textos, além de interagir com os seres humanos, da forma mais próxima da *natural* possível.[160] O uso criativo da linguagem é essencial para impulsionar a inovação e desenvolver soluções tecnológicas cada vez mais avançadas.

Desse modo, em matéria de inovação tecnológica, as expressões bíblicas: *No início era o verbo* e *faça-se a luz* são representações do aspecto constitutivo da linguagem, como analogia à criação do mundo. É por meio de linguagem que as realidades são construídas, na melhor representação de

---

160. As expressões em itálico são utilizadas para mencionar aspectos muito ligados à experiência humana.

um ato ilocucionário. A partir da fala *faça-se a luz*, a luz foi feita. Antes da fala, só havia pensamento, somente ideia.

São as regras a que faz referência John Searle: as regras do jogo de xadrez é que dão surgimento a ele, de modo que o ato de fala criando uma realidade fica muito patente neste exemplo.[161]

No ambiente do Metaverso, o ato de criação é o mesmo: uma linguagem de programação que, a depender da combinação, cria o *Non Fungible Token* (NFT) de um tênis de uma marca famosa qualquer ou um terreno na rua mais cara daquele espaço virtual. Essa combinação criativa depende da habilidade do desenvolvedor em usar a linguagem de programação para definir os atributos e características desejados do NFT.

Nos exemplos mencionados, ao criar o NFT de um tênis, a linguagem de programação poderia ser usada para definir detalhes como a aparência, o estilo, a marca, a edição limitada e outros atributos relevantes. Já para a criação de um terreno em um espaço virtual, a linguagem de programação poderia ser usada para definir características como localização, tamanho e topografia, aspectos relevantes quando se trata da comercialização de um terreno físico.

Essas iniciativas criativas permitem que os desenvolvedores utilizem suas habilidades técnicas – seus conhecimentos em determinadas linguagens tecnológicas – para dar vida a diferentes tipos de ativos digitais por meio da linguagem.

4.3 Realidade

> "No mundo nada é verdade nem mentira: tudo depende da cor do cristal com que se mira".
>
> (Ramón de Campoamory y Campoosorio).

161. OLIVEIRA, Manfredo Araújo de. *Reviravolta Linguístico Pragmática na Filosofia Contemporânea*. 3. ed. São Paulo: Loyola, 2006, p. 180.

Como já afirmado, é a partir do Constructivismo Lógico-Semântico que se confere um papel ativo do indivíduo na construção do conhecimento e da realidade, por meio da linguagem. De acordo com essa perspectiva, a realidade não é algo objetivo e absoluto, mas sim uma construção subjetiva decorrente da interação entre o sujeito e o mundo, a partir de suas experiências e em nome de um sistema de referência.

Cada indivíduo interpreta e atribui significado àquilo que o rodeia com base em seu conjunto cognitivo preexistente. Esses esquemas cognitivos são estruturas mentais que organizam esses dados considerando suas características e objetivos. Isso tudo, porém, é feito em virtude de um ambiente social, pois o conhecimento somente pode ser aferido pela fala, pelo texto.

A interação entre os sujeitos é elemento necessário na construção da realidade, pois é pelo compartilhamento de ideias que se estabelece a forma como os indivíduos percebem e compreendem o mundo à sua volta.

A realidade é, portanto, subjetiva e construída ativamente pelo sujeito em interação com o mundo e com outros indivíduos. Cada pessoa tem sua própria versão da realidade, a partir do seu ponto de vista, influenciada por suas experiências e pelo contexto social em que está inserida.

Conhecer a realidade é essencialmente uma experiência psíquica. Isso porque tudo o que está sujeito à experimentação é filtrado pela psique e interpretado de acordo com processos mentais individuais. Os sentidos captam informações do ambiente, mas a mente é que dá significado a essas informações e as organiza em uma compreensão coerente da realidade. Essa compreensão é subjetiva e individual, pois é moldada por experiências, crenças e emoções, num processo cognitivo único.

Sob essa perspectiva se enfatiza a natureza subjetiva e da experiência construtora de conhecimento. Embora seja possível (e necessário enquanto conhecimento) compartilhar aspectos da experiência por meio da comunicação, a essência dela não pode ser plenamente transmitida. No entanto, isso não significa que o universo em si não exista independentemente dos sujeitos. Esse enfoque destaca a importância da experiência subjetiva e do papel central da psique na construção da realidade individual, mas não nega a existência de uma realidade objetiva fora da percepção. O universo existe em sua própria realidade física, mas é pelo observador que o universo passa a ter sentido, a ter conteúdo. E a soma de todas as línguas corresponde à realidade.

4.3.1 Realidade física

A realidade física refere-se ao mundo tangível e material. É o conjunto de tudo o que existe no universo e pode ser percebido ontologicamente[162] pelos sentidos.

Na realidade física, as interações ocorrem no espaço tridimensional em que os sujeitos estão imersos. O conhecimento dessa realidade se dá por meio da experiência sensorial direta.

A realidade física é aquela perceptível no *aqui* e *agora*. Depende da simultaneidade histórico-geográfica dela com seu observador. No entanto, é importante destacar que a construção da realidade, tanto temporal quanto espacial, é influenciada pelas percepções individuais e pelos processos cognitivos de cada pessoa. A visão constructivista reconhece a importância desses aspectos subjetivos na formação da realidade e destaca a interação entre o sujeito e o mundo como um processo ativo de construção de significados.[163]

---

162. O destaque para o termo *ontologicamente* se dá em virtude de a realidade não física muitas vezes pretender reproduzir a experiência obtida pelo contato com a realidade virtual.

163. Na abordagem constructivista, tanto o tempo quanto o espaço desempenham papéis importantes na construção da realidade. Embora a percepção e a

A realidade física é finita, é não onipresente, depende de várias matérias-primas,[164] enquanto a realidade virtual depende apenas de uma: a linguagem da programação. A primeira, enquanto representativa de eventos, se esvai no tempo, se desgasta; a segunda não.

4.3.2 Realidades não físicas

Em contraponto à realidade física, acessível pelos sentidos, têm-se as realidades não físicas, classificadas como realidade virtual e realidade aumentada. Ambas são tecnologias de expansão de experiências, mas basicamente a primeira é uma criação sem vínculo com a realidade física, acessível por meio de equipamentos (*hardwares*) e sistemas (*softwares*), sendo um simulador de carro, para auxiliar no processo de habilitação para dirigir, um exemplo, e a segunda – realidade aumentada – uma experiência que combina a realidade física com a tecnologia, tendo por representação o jogo *Pokémon GO*.

---

interpretação do tempo e do espaço possam variar entre os indivíduos, eles são componentes fundamentais da experiência e da compreensão do mundo.
O tempo é uma dimensão na qual eventos passados, presentes e futuros ocorrem. A percepção do tempo é influenciada por uma combinação de fatores internos, como ritmos biológicos, e fatores externos, como a passagem dos dias, as estações do ano e os eventos que ocorrem ao nosso redor.
Quanto ao espaço, ele se refere à dimensão física em que os objetos e os eventos ocorrem. Compreender e interpretar o espaço são resultados da interação do intérprete com o ambiente físico
Embora a experiência do tempo e do espaço esteja intimamente ligada, a experiência do tempo pode ser mais subjetiva e variável do que a do espaço. A percepção do tempo pode ser influenciada por fatores psicológicos, como o estado de ânimo, a atenção e a subjetividade da experiência vivida. Por outro lado, a percepção do espaço tende a ser mais objetiva e compartilhada, pois é baseada nas características físicas e nas relações espaciais entre os objetos.

164. Não se abandona aqui a ideia de que linguagem constitui realidade, mas, ao contrário, a linguagem que se produz sobre uma realidade física levará em conta dados do objeto que os categorize a partir de características de formação, a exemplo da Teoria dos Objetos, proposta por Carlos Cóssio.

Essa tendência vem sendo experimentada nos últimos 20 anos, por um fenômeno que Silvio Meira chama de explosão cambriana, dizendo que essa digitalização é responsável pelo fenômeno do figital, ou seja, "do físico [ou analógico] para uma articulação do físico, que passa a ser habilitado, aumentado e estendido pelo digital, ambos orquestrados pelo social, em tempo [quase] real."[165]

A realidade digital é então resultante da ação de produzir as sensações do objeto, por meio da modelagem tridimensional, que se baseia no princípio fundamental de construir e modelar, podendo ou não estar complementada pela realidade física. É, portanto, virtual toda a realidade que seja desprovida de espaço físico, podendo ser experimentada em diversos lugares ao mesmo tempo.[166]

Isso porque os espaços virtuais estão sempre preenchidos de objetos cujo objetivo é conferir experiências sensoriais muito próximas daquelas que os objetos buscam reproduzir da realidade física, de modo que a sensação que causam tem reflexo na ontologia dos objetos representados.[167]

A cada tradução uma nova realidade é formada, isso porque cada língua é um ponto de vista diferente sobre o

---

165. *Fundações para os futuros figitais. Recife: TDS, 2021, p. 10.*

166. "[...] temos, por oposição à virtualidade, a atualidade. A atualidade é o espaço físico no qual vivemos, que é normalmente entendido como o espaço das três dimensões, ou tridimensional e representado muitas vezes por medidas de altura, largura e profundidade ou coordenadas ditas cartesianas, no formato (x, y, z)" (PEREIRA, Itamar de Carvalho. *Metaverso:* interação e comunicação em mundos virtuais. 2009. Dissertação (Mestrado em Comunicação) – Universidade de Brasília, Brasília, 2009, p. 56. Disponível em: https://repositorio.unb.br/ handle/10482/4863. Acesso em: 07 jun. 2023).

167. "[...] designamos por meio de acordo os elementos da ordem estrutural do mundo e representamos os conteúdos por meio de associação de símbolos os conteúdos por nós conhecidos" (OLIVEIRA, Manfredo Araújo de. *Reviravolta Linguístico Pragmática na Filosofia Contemporânea.* 3. ed. São Paulo: Loyola, 2006, p. 33). Desse modo, o que ainda não é conhecido não pode ser representado.

que pretende articular. A língua computacional é também um idioma, por assim dizer.

E, a partir da análise do triângulo semiótico, esse conjunto de características traduzido pela língua computacional somente foi possível pela atribuição de significado aos objetos. Alguém que não conhece a *ontologia* do objeto físico (da linguagem que é construída a partir dele) não poderá compreender o uso do objeto digital. Desse modo, o objeto digital nada mais é que um novo suporte físico para os mesmos objetos, pois pretende representá-los por meio de suas características.

Nele, o significado seria o objeto físico, enquanto o objeto digital seria um novo suporte físico para representar o objeto original. A realidade física pode ser natural ou cultural, tangível, e a realidade digital, por sua vez, seria uma representação em um formato digital, por meio de uma linguagem computacional.

A significação é composta pela ideia que o contato com o objeto digital causa na mente do intérprete quando este atribuir conteúdo àquele. Para isso, é necessário que o intérprete tenha conhecimento da ontologia do objeto físico, ou seja, do significado e das características associadas a esse objeto, já que não há conteúdo mínimo para os objetos, sejam eles físicos ou não.

A decodificação dessa linguagem não está ao alcance do ser humano, pois seu processamento depende de uma máquina.[168] Para que haja sua transformação em imagens e sons,

---

168. Equipara-se à linguagem computacional, formada exclusivamente pela combinação de 0 e 1 – representação binária, as línguas isolantes, aludidas por Flusser: *"o mundo das línguas isolantes consiste de uns poucos elementos (sílabas) sem significado determinado, que são usadas como pedras de um mosaico para formar conjuntos de significado (pensamentos).* [...] e, portanto, o máximo que podemos dizer é o seguinte: consiste de uns poucos elementos duros e imutáveis, os quais, não tendo significado, não fazem tanto parte, como são condição daquele mundo (como, por exemplo, os átomos não são parte da matéria, mas condição das moléculas deles formadas). Estes elementos formam conjuntos estéticos, sem regras formais (a não

uma sequência de códigos é necessária. A partir desse mesmo raciocínio é que os computadores não armazenam as imagens e sons como os recebe, mas transforma numa linguagem que ele possa *ler* e então processar para futuros usos.

A evolução das realidades não físicas atingiu um patamar comunicacional que hoje se denomina *ciberespaço*, mais propriamente utilizado como representação de ambiente digital criado pelas (e para) redes de computadores interconectadas, objetivando o estoque de informações, bem como o avanço das comunicações de forma global e descentralizada.

A comunicação possibilitada pelo ciberespaço pode ser síncrona ou não, e também independe de limitações geográficas. Assim, tanto a capacidade dos códigos de se manifestarem em formas visíveis e audíveis quanto a natureza deslocalizada e assíncrona das interações no ciberespaço representam avanços tecnológicos que redefinem as possibilidades de se produzir experiências comunicativas e relacionais.

Sobre o tema, Pierre Lévy traz importante contribuição:[169]

> A palavra "virtual" pode ser entendida em ao menos três sentidos: o primeiro, técnico, ligado à informática, um segundo corrente e um terceiro filosófico. O fascínio suscitado pela "realidade virtual" decorre em boa parte da confusão entre esses três sentidos. Na acepção filosófica, é virtual aquilo que existe apenas em potência e não em ato, o campo de forças e de problemas que tende a resolver-se em uma atualização. O virtual encontra-se antes da concretização efetiva ou formal (a árvore está virtualmente presente no grão). No sentido filosófico, o virtual é obviamente uma dimensão muito importante da realidade. Mas no uso corrente, a palavra virtual é muitas vezes empregada para significar a irrealidade – enquanto a "realidade" pressupõe uma efetivação material, uma presença tangível. A expressão "realidade virtual" soa então como um oxímoro, um passe de mágica misterioso. Em geral acredita-se que uma coisa deva ser ou real

---

ser, talvez, regras estéticas), dos quais emana uma aura de significado" (FLUSSER, Vilém. *Língua e Realidade*. 3. ed. São Paulo: Annablume, 2007, p. 63, 64).

169. LÉVY, Pierre. *Cibercultura*. 3. ed. São Paulo: Editora 34, 2010, p. 49.

> ou virtual, que ela não pode, portanto, possuir as duas qualidades ao mesmo tempo. Contudo, a rigor, em filosofia o virtual não se opõe ao real mas sim ao atual: virtualidade e atualidade são apenas dois modos diferentes da realidade. Se a produção da árvore está na essência do grão, então a virtualidade da árvore é bastante real (sem que seja, ainda, atual).

O conhecimento expande o intelecto, e a língua expande a língua. É pelo uso que a língua se atualiza, de modo que um termo atualizado pode representar algo muito diferente do que representava no passado. Novamente, são de Pierre Lévy as precisas ponderações:

> [...] nenhuma atualização da palavra se parece exatamente com nenhuma outra, e há pronúncias (nascimentos de novas vozes) ou sentidos (invenções de novas frases) imprevisíveis que, no entanto, podem sempre aparecer. O virtual é uma fonte indefinida de atualizações.[170]

O virtual não precisa ser tangível para existir. Sua existência não é capturável no tempo e no espaço, mas por meio dele é que as comunicações podem acontecer. "Palavras são uma coisa no lugar de outra",[171] já salientava Vilém Flusser; são metáforas da realidade, pois, se os dados brutos, sozinhos, significassem algo, não haveria a necessidade das palavras. Palavras são representações, também não têm existência física, mas é por meio delas que a comunicação evoluiu (e com ela a sociedade) ao ponto que se encontra hoje.

Essa realidade é capaz de representar linguagens que inovam, criando um ambiente no qual o Direito pode ter interesse, como tem se mostrado o Metaverso, tema que será abordado no capítulo seguinte.

---

170. *Ibid.*, p. 51.

171. FLUSSER, Vilém. *Língua e Realidade*. 3. ed. São Paulo: Annablume, 2007, p. 17.

5. DEFININDO CONCEITOS ESPECÍFICOS

Conceituar é um ato de decisão. Uma escolha daquele que atua na construção de um sistema de linguagem.

Por assim dizer: o batismo dentro do sistema normativo, ou seja, a inovação realizada por um sujeito competente, equivale ao seu enquadramento legal, seu nascimento enquanto ente jurídico.[172] O batismo não cria *a coisa em si*, materialmente falando, mas é por meio dele que os sujeitos podem lidar com ela, compreendê-la e utilizá-la.

Esse nascimento decorre de um ato de fala dos sujeitos credenciados pelo próprio Direito para inovar, representando a criação de conceitos, ou "um acordo sobre o significado da língua pressupõe sua existência e seu caráter simbólico como a própria condição do pensamento".[173]

A compreensão de um objeto somente é possível a partir do seu batismo, de acordo com o jogo de linguagem ao qual pertence:

> O ato de atribuir nome às coisas é, pois, um ato originariamente arbitrário, no sentido de que o nome dado não tem nenhuma relação ontológica com o objeto que designa. Entre nome e objeto designado não há nenhuma relação. O nome surge tão somente porque o ser humano se interpõe com sua necessidade de comunicação.[174]

---

172. Conforme estabelece Heleno Torres: "No âmbito do método sistemático é que os argumentos de interpretação ganham em amplitude de possibilidades. O argumento sistemático-conceitual, ou dogmático, tem em mira a fundamentação de sentido dos termos em conformidade com uma dada teoria dos regimes jurídicos ou conceitos típicos" (TORRES, Heleno Taveira. Boa-fé e argumentação na interpretação das normas tributárias. *In:* SOUZA, Priscila de (coord.). *Congresso de Direito Tributário do IBET:* Direito Tributário e os Conceitos de Direito Privado. São Paulo: Noeses, 2010. p. 535-566, p. 550).

173. FLUSSER, Vilém. *Língua e Realidade*. 3. ed. São Paulo: Annablume, 2007, p. 43.

174. ROBLES, Gregorio. *As Regras do Direito e as Regras dos Jogos:* ensaio sobre a teoria analítica do direito. Tradução de Pollyana Mayer. São Paulo: Noeses, 2011, p. 129.

Critérios como lugar, tempo, materialidade, diante dessa reflexão, podem gozar de amplitude maior, abrangendo coisas e situações que em um momento histórico anterior ou num grupo social diferente não se poderia conceber como possível (porque não estava inserido no campo daquela possibilidade social).

Assim, a maneira como o Direito aborda seus conceitos determinará o conteúdo e o alcance deles. A escolha de quais situações merecem regulação jurídica já é uma valoração que se faz sobre como os comportamentos se interinfluenciam. A abordagem dos itens a seguir pretende confirmar essa afirmação.

5.1 O Metaverso

Todos os processos científicos da atualidade têm sido impactados por um processo de digitalização. Falar em Metaverso, portanto, é tratar da evolução da sociedade.[175] Não há como conceber o Metaverso sem considerar uma trajetória contínua e consistente do avanço obtido por meio da tecnologia.

> Daí surgem as questões sociais iniciais: há limites dessas inovações? Como fica a responsabilização no caso de danos causados dentro desses novos ambientes por seus usuários? Quais os impactos das relações híbridas, ou seja, aquelas que se iniciam no Metaverso mas que têm impacto no mundo físico e vice-versa?[176]

---

175. Silvio Meira desenvolve uma série de textos dizendo justamente dessa evolução, onde diz que atualmente o Metaverso é discado, fazendo alusão à época em que a própria internet era acessível pelo modo discado. Desse modo não há como prever até onde vai o desenvolvimento dessa tecnologia, mas se pode projetar que ela está e estará em constante evolução. Da série O Metaverso, discado. Disponível em: silvio.meira.com. Acesso em: 31 de outubro de 2023.

176. "Exemplos de relações como essa têm se multiplicado, onde a compra de *NFTs (Non Fungible Tokens)* tem sido utilizada como título a ser trocado por propriedades físicas. Não bastasse a complexidade das questões oriundas dessas relações híbridas, soma-se a elas a necessidade de se verificar a higidez do negócio, como se pode

Mesmo se tratando de ambiente em desenvolvimento, sobre o qual pouco ainda se conhece, sendo o mote para o presente trabalho, mostra-se relevante compreender três pontos acerca do tema: (i) origem, (ii) conceito e (iii) características que o tornam um ambiente social, portanto diretamente conexos com a abordagem da possibilidade de, sobre ele, incidirem normas jurídicas.

Não sujeito, portanto, às regras de mercado tradicionais, nem tampouco ao mesmo tratamento por parte das nações, pois, enquanto alguns países aceitam pagamentos em criptomoedas, como acontece no Japão, no Brasil, elas sequer são consideradas moedas,[177] mas ativos sujeitos ao ganho de capital. Desse modo, breve análise de como outros países têm se comportado diante da novidade social faz parte desta pesquisa para, então, se poder tratar de forma mais direta sobre o tema.

5.1.1 Os períodos web

A evolução da internet pode ser dividida em três fases principais: web 1.0, web 2.0 e web 3.0. Cada uma dessas fases representa um estágio diferente no desenvolvimento das tecnologias digitais.

1. Web 1.0 (1990-2000): Nesse período, os *sites* eram predominantemente estáticos, com pouca

---

exemplificar pela oferta de troca dos referidos ativos digitais correspondentes a áreas protegidas na Amazônia" (MOREIRA, Matheus. MPF dá 15 dias para empresa explicar venda de NFTs de áreas da Amazônia. *Folha de S.Paulo.* São Paulo, 26 jul. 2022. Acesso em: https://www1.folha.uol.com.br/ambiente/ 2022/07/mpf-da-15-dias-para-empresa-explicar-venda-de-nfts-de-areas-da-amazonia.shtml).

177. BRASIL. Ministério da Fazenda. Secretaria da Receita Federal. *Imposto sobre a Renda – Pessoa Física – perguntas e respostas. Exercício de 2022. Ano-calendário de 2021.* Brasília, 2022. Disponível em: https://www.gov.br/receitafederal/pt-br/centrais-de-conteudo/publicacoes/perguntas-e-respostas/dirpf/pr-irpf-2022.pdf/view. Acesso em: 26 jul. 2022, pergunta 455.

interação dos usuários. As páginas da *web* eram basicamente informativas, e a participação dos usuários limitada. A internet estava se popularizando rapidamente, e muitos usuários passaram a ter acesso a ela pela primeira vez.

2. Web 2.0 (últimos 20 anos): Período em que se experimentou mudança significativa na forma como as pessoas interagem e utilizam a internet. Nessa fase, houve o estabelecimento das grandes empresas de tecnologia (*big techs*) e maior interação entre os usuários. Redes sociais, fóruns e outros tipos de plataformas colaborativas se tornaram populares, pois permitem o compartilhamento de informações pelos usuários, que deixaram de ser meros expectadores para exercer papel mais ativo. O comércio eletrônico se expandiu significativamente, com cada vez mais empresas atuando exclusivamente *on-line* ou de forma híbrida.
3. Web 3.0 (atualidade): representa a essa fase de desenvolvimento da internet, muito ligada ao mercado digital – para além do comércio eletrônico –, embora ainda seja um projeto em desenvolvimento, portanto experiencia-se a transição do período anterior para esse, emergente. Está associada a conceitos como inteligência artificial (AI), internet das coisas (IoT), Metaverso, realidade virtual/aumentada, *blockchain* e outras tecnologias emergentes. Ambientes mais imersivos e integrados são o grande diferencial desse período *web*, alcançados por propostas descentralizadas de domínio de dados e recursos.

Muito embora esse período não esteja plenamente instalado – longe de se atingir esse patamar –, suas propostas são tão disruptivas quanto aquelas que marcaram a web

1.0, promovendo melhor aproveitamento na integração entre seres humanos e máquinas, entre as realidades física e não física.

Esse período considera como notas basilares o consenso e a descentralização. Demandará transição, longa e necessária, pois o que se tem hoje, fundamentalmente, é o uso primordial da realidade física.

Ainda que no futuro tudo se obtenha por meio do Metaverso, hoje a realidade é outra. Há contundente diferença entre as realidades tangível e intangível, entre o real e o virtual.

5.1.2 Da web 2.0 ao Metaverso

Iniciativas como a da cidade holandesa mais famosa, Amsterdã, inserida na internet, ainda no início dos anos 1990, é exemplo de experiências híbridas. Com iniciativa pioneira, ofereceu serviço gratuito de acesso a visitantes de todo o mundo, detalhes e experiências de uma cidade digital holandesa. Em uma época quando os usuários ainda se acostumavam ao acesso a informações obtidas de qualquer lugar do mundo, ferramentas de busca ainda muito precárias e com um custo dos serviços significativamente alto, pois não somente o acesso à internet era pago, mas o de experiências como essas, Amsterdã deu longos passos à frente do mundo, concedendo acesso a quem quisesse conhecê-la e acompanhar sua agenda cultural.

Já no universo de ficção, a primeira iniciativa próxima de Metaverso vem da obra de cyberpunk, *Snow Crash*, de 1992 – contemporâneo à iniciativa holandesa –, que é criado a partir de espaços simulados de interação virtual, tridimensionais, onde os seres humanos podiam transitar deles para o mundo real e vice-versa com o auxílio de programas de computador e equipamentos eletrônicos.

Nesse universo virtual, é possível que seus usuários colaborem com a construção dos espaços, e também sejam os responsáveis pelo desenvolvimento de suas próprias identidades, totalmente descoladas e independentes do real.

O livro traz de maneira muito contundente uma espécie de internet imersiva, onde as pessoas podem criar avatares e se conectar em um mundo compartilhado, e foi o responsável por popularizar conceitos que mais tarde se tornaram realidade ou inspiraram outros desenvolvimentos tecnológicos, como a realidade virtual e o próprio Metaverso.

5.1.3 O conceito de *Metaverso*

O termo *Metaverso* refere a uma criação tecnológica de mundo (ou espaço) não físico, composto por realidade virtual e aumentada, persistente e compartilhado. Foi criado para descrever uma tecnologia que sucede a internet.[178]

É um neologismo formado pela junção do prefixo *meta*, que significa transcender, ir além, com a palavra *universo*. Metaverso é, desse ponto de vista, o que vai além do universo. Representa um universo digital no qual os usuários podem interagir, criar avatares, explorar cenários virtuais e participar de atividades sociais, econômicas e de entretenimento.

---

178. Atualmente, a definição de programa de computador trazida pela Lei 9.609/98 já não reflete o mercado atual:
"Art. 1.º Programa de computador é a expressão de um conjunto organizado de instruções em linguagem natural ou codificada, contida em suporte físico de qualquer natureza, de emprego necessário em máquinas automáticas de tratamento da informação, dispositivos, instrumentos ou equipamentos periféricos, baseados em técnica digital ou análoga, para fazê-los funcionar de modo e para fins determinados". (BRASIL. Presidência da República. Lei nº 9.609, de 19 de fevereiro de 1998. Dispõe sobre a proteção da propriedade intelectual de programa de computador, sua comercialização no País, e dá outras providências. *Diário Oficial da União*, seção 1, p. 1, 20 fev. 1998. Disponível em: https://www.planalto.gov.br/ccivil_03/ leis/l9609.htm. Acesso em 16 jul. 2022).

Consiste, desse modo, em plataformas virtuais multiusuários compostas por interfaces gráficas produzidas em três dimensões, completamente imersivas, em que os participantes atuam numa dialogia contínua.

Nesse ponto, o suporte de definições se mostra fundamental,[179-180-181]enunciando a de Silvia Piva, por ser a mais alinhada aos objetivos da presente obra:

> Ciberespaço e Cibertempo voltado a experiências digitais imersivas, de expansão dos sentidos cognitivos sensoriais humanos e na produção da ciberlinguagem. É construído e mediado por dispositivos móveis e infraestrutura tecnológica, com acesso a partir de dispositivos preferencialmente móveis e atrelados à internet, mas que ainda dependem de hardwares para permitir esse acesso (GPU's). Agrega a combinação de outras camadas tecnológicas como realidade aumentada e expandida (para o *sensorium* e experiência) e *blockchain* (para transações e efeitos concretos, mas sem se limitar a essas). Busca convergência entre o mundo físico e o mundo expandido e também pode ser

179. Para Luiz Roberto Peroba e Bruno Lorette Corrêa, "Existem várias definições para o que seria o 'metaverso'. Em geral, essas definições convergem no sentido de que esse conceito representa um universo virtual, que envolve a confluência de diversas tecnologias, no qual a realidade digital ou aumentada busca replicar o mundo 'real' por meio de dispositivos digitais (óculos, luvas, hologramas etc.)" (PEROBA, Luiz Roberto; CORRÊA, Bruno Lorette. Os desafios na tributação do metaverso. *Jota*. São Paulo, 25 jan. 2022. Disponível em: https://www.jota.info/opiniao-e-analise/artigos/os-desafios-na-tributacao-do-metaverso-25012022. Acesso em: 16 jul. 2022).

180. De acordo com a Enciclopédia Britânica, o verbete *Metaverso* corresponde à "rede proposta de mundos *on-line* imersivos e experimentados tipicamente por meio de realidade virtual ou realidade aumentada, na qual os usuários interagiriam uns com os outros e comprariam bens e serviços, alguns dos quais existiriam apenas no mundo *on-line*. Os construtores da tecnologia do metaverso consideram que é o próximo passo na evolução da internet após os desenvolvimentos do início do século 21, como aplicativos para smartphones e mídias sociais" (GREGERSEN, Erik. Metaverse. *Encyclopaedia Britannica*. Chicago, IL, 06 jun. 2023, tradução nossa).

181. Para Itamar de Carvalho Pereira, "Metaverso são programas computacionais de alto desempenho que viabilizam uma projeção de identidade e uma realidade simulada em gráficos tridimensionais, interagindo com outros usuários por meio de personagens digitais, ou avatares" (*Metaverso:* interação e comunicação em mundos virtuais. 2009. Dissertação (Mestrado em Comunicação) – Universidade de Brasília, Brasília, 2009, p. 15. Disponível em: https://repositorio.unb.br/handle/10482/4863. Acesso em: 07 jun. 2023).

> entendido como um processo de expansão da realidade física, que pode culminar, ou não, no retorno ao físico.[182]

O Metaverso é, portanto, uma nova base social, um ambiente constituído para proporcionar as mais diversas relações entre seus sujeitos, participantes desse universo. Ainda em desenvolvimento, grandes empresas têm se utilizado de tecnologias equivalentes, muito embora ainda não garantam o trânsito entre elas.

Os ambientes dos mundos virtuais oferecem aos usuários inúmeras possibilidades de comunicação para se expressarem e interagirem entre si. Essas possibilidades incluem desde a comunicação pela linguagem (atos de fala propriamente ditos) até o controle de suas representações, conhecidas como avatares.

Nele, cada decisão cria um novo universo, o tempo todo. Representa significativa metáfora para a expressão de Vilém Flusser: a linguagem cria a realidade.[183]

Essa interação proporcionada pelo Metaverso pode representar as mais diversas relações existentes na realidade física, que vão desde a promoção de eventos culturais, como *shows*, até a venda de acessórios para uso nos avatares. Metaverso não se confunde, entretanto, com os elementos virtuais que o compõem, mas se trata de um ambiente que proporciona experiências digitais compartilhadas.[184] Pode

---

182. PIVA, Silvia. Exploração metaverso: mapeando implicações jurídicas. *Nau D'Dês*. Campinas, 2023, p. 16. Disponível em: https://conteúdo.nauddes.com.br/agora-exploracao-metaverso. Acesso em: 23 maio 2023.

183. FLUSSER, Vilém. *Língua e Realidade*. 3. ed. São Paulo: Annablume, 2007, p. 163 e ss.

184. Podemos nos deslocar não apenas para as galáxias, mas também para as partículas das quais é feito o mundo. No caso das partículas, devo dizer que me desloco para a partícula, se é que a partícula existe. Vou para um espaço bastante estranho, que se pode formular apenas matematicamente. Quando traduzo isso, saem monstrengos em alemão ou inglês. A língua fica completamente incompreensível. A língua é uma forma de comunicação no espaço vital, enquanto a matemática é uma forma de comunicação que vai além – isso como contribuição para a decadência do

ter (e geralmente tem) economia própria, sincronicidade e possibilidade de ilimitação das ofertas.[185]

O conceito de *Metaverso* inclui, ainda, os termos *persistente* e *compartilhado*, justamente para que se possa dar a ideia de ambiente de convívio mais próximo do natural (aqui usa-se a expressão referida ao termo *físico*). A projeção para o futuro sobre o Metaverso é que os usuários acabem confundindo (ou reunindo) essa experiência com a própria realidade física,[186] cada vez mais distante da ideia que se tem de um jogo de computador (onde o ambiente é estanque e limitado).

O grande atrativo do Metaverso é apresentar um avanço em relação à internet, extrapolando as redes de acesso à informação e convivência para inserir o indivíduo, que deixa de ser usuário de ambientes digitais para fazer parte, de modo ativo, na sua construção e na manutenção de regularidade, sem nenhuma barreira geográfica. Isso tudo somente é possível pela tecnologia *blockchain*, descentralizando comandos e regulações que atualmente competem às nações, para uma comunidade com conteúdo compartilhado de armazenamento e gerenciamento de dados por tecnologia independente.

---

alfabeto. Quando me desloco para essa partícula, chego a histórias do tipo: uma partícula pode estar em dois lugares ao mesmo tempo, algo que se chama de salto "quântico". Se tentarmos representar isso, chegaremos aos tais monstrengos, como o da onda estacionária da probabilidade. Esse espaço deve ser levado a sério, ele é chamado de espaço virtual (FLUSSER, Vilém. *Comunicologia*. Reflexões sobre o futuro. São Paulo: Martins Fontes, 2015, p. 96-97).

185. Um *show* não precisa ter um número limitado de ingressos disponíveis, pode ser vendido tantas vezes quantas forem as demandas, pois não há restrição de espaço físico.

186. "O metaverso é destinado à habitação dos usuários e à sua interação, por meio de seus avatares" (CARDOSO, Suzana Guedes. A usabilidade do metaverso: contribuições para as interações humanas e para as interações dos sujeitos com conteúdos e atividades educacionais. *In:* CONGRESSO INTERNACIONAL DE DESIGN DA INFORMAÇÃO – CIDI, 7., 2-5 set. 2015, Brasília. *Anais [...]*. Brasília: CIDI, 2015. p. 809-818. Disponível em: http://pdf.blucher.com.br.s3-sa-east-1.amazonaws.com/designproceedings/ cidi2015/cidi_ 228.pdf. Acesso em: 23 maio 2023).

5.1.3.1 O que garante ao Metaverso o status de realidade social?

O Metaverso traz muitas características dos jogos 3D, mas com eles não pode ser confundido. O objetivo dos dois ambientes é a diferença fundamental entre os dois.

Um jogo 3D é um *software* interativo projetado para entretenimento, onde os jogadores assumem um papel específico e participam de uma narrativa já pré-determinada, em que fases são superadas em virtude do desempenho de seus participantes. Embora os jogos 3D possam utilizar ferramentas de aquisição de condições para o jogo (ferramentas, roupas e acessórios para os *players*) que refletem a ideia de uma moeda, seu uso e enredo são exclusivos para o entretenimento. Assim como num parque de diversões, todas as ações dos participantes se encerram na recreação. Os *tickets* adquiridos para as partidas, bem como aqueles recebidos pelo bom desempenho nas partidas, têm valor exclusivo para se transformarem em novas jogadas ou melhores condições para uma partida em andamento.

O Metaverso pode conter jogos em 3D, mas refere a um conceito mais amplo e abrangente, representando um ambiente persistente – no sentido de permanecer ativo independentemente da presença de usuários – promovendo a expansão das experiências sociais em seus mais diversos campos, não apenas no entretenimento. Pode ser fechado, muito embora o acesso a ele não corresponda propriamente a um *software*, mas há uma tendência de criação colaborativa entre esses ambientes, onde os usuários transitem entre mundos virtuais interconectados.[187]

Sob essa perspectiva, o Metaverso pode conter jogos 3D, mas com eles não se confunde, pois seu objetivo é possibilitar, para além do entretenimento dos jogos, a ampliação

187. Ao contrário do que ocorre com as redes sociais disponíveis atualmente.

do universo social, onde seus usuários poderão frequentar escolas, realizar atividades profissionais e frequentar espaços de convivência, sem contar as realidades que estão no porvir e sobre as quais não se pode falar. Pode-se imaginar que o Metaverso inaugure, inclusive, uma quarta dimensão, experienciável, já que mistura coordenadas de tempo e espaço para além dos padrões cientificamente conhecidos nos dias de hoje.

O Metaverso e a forma como se dão as relações em virtude dele ainda não estão plenamente desenvolvidos, que dirá a linguagem que incide sobre ele: da lei e da jurisprudência. Isso porque, sendo uma construção tecnológica, busca-se compreender se é ambiente que propicie relações jurídicas.

Sendo um novo ambiente de convívio social, há a possibilidade de o Direito regular suas condutas, pois, assim como o Metaverso é um sobrenível do universo, o Direito é um sobrenível da realidade social. A dificuldade por ora se inicia em quem pode e como pode ser feita essa regulação. Isso porque, como salienta Maria Ângela Lopes Paulino Padilha,

> Dada a rápida evolução da tecnologia informática e das comunicações, o mercado está, a todo momento, suscetível a ofertas cada vez mais amplas de bens e atividades, que exigem constante (re)invenção de procedimentos, ferramentas e meios de trabalho, bem como permanente atualização e aquisição de competências multi e interdisciplinares pela comunidade empresarial e profissional, nos mais variados setores do conhecimento.[188]

Antes, porém, de significar os conceitos atrelados a essa possibilidade, mostra-se necessário tratar de mais dois pontos sobre o Metaverso: seus indivíduos e a economia *blockchain*.

---

188. PADILHA, Maria Ângela Lopes Paulino. *Tributação de Software*. São Paulo: Noeses, 2020, p. 2.

5.1.4 NFTs e a economia blockchain

A era digital é marcada pela infinitude: tudo que é do digital não se desgasta, não se esgota, pode ser reproduzido um sem-número de vezes e por isso não tem valor financeiro (ou perde muito dele).

Durante o período Web 2.0, muitas discussões a respeito dos direitos autorais de bens digitais[189] foram travadas até que ferramentas como o *streaming* pudessem conferir um mínimo de controle sobre o uso desses bens. Ainda assim, a autenticidade e a integridade dos documentos digitais dependiam principalmente das medidas de segurança implementadas pela entidade responsável pela criação e distribuição desses documentos. Em alguns casos, essas medidas eram insuficientes e havia poucas formas confiáveis de verificar a veracidade de um documento digital.

Com a contínua evolução da internet, por meio da tecnologia *blockchain*, surgiu uma nova abordagem para garantir a veracidade dos documentos digitais. Realizada de forma descentralizada, permite a criação de registros públicos, imutáveis e transparentes acessíveis e passíveis de verificação por qualquer pessoa interessada.

Surge então o NFT, sigla que representa o *non-fungible token*, ou token não fungível, um certificado digital criado para representar a identidade de um item exclusivo, seja ele físico ou não, cuja finalidade é a de atestar sua propriedade, bem como provar sua origem. Representa: o *quem*: avatares, o *que*: objetos construídos e passíveis de negociação, e o *onde*: espaços/terrenos virtuais, dos usuários do Metaverso. Nesses ambientes de produção controlada, tudo aquilo que for produzido ou negociado pelo infoindivíduo é um NFT.

Isso porque cada token NFT possui um *hash* digital (função que converte letras e números em uma frase

---

189. E mesmo de bens físicos, sujeitos à pirataria.

criptográfica) que se distingue de todos os outros tokens de seu tipo. São, assim, não sujeitos à reprodução ou à falsificação.

No caso de bens físicos, esse controle já existe – não de forma descentralizada como possibilita o *blockchain*, mas pode-se considerar um controle equivalente. De acordo com a Lei Geral de Telecomunicações (art. 162, § 2º, da Lei nº 9.472/97), as operadoras de telefonia somente podem conceder acesso à rede aos aparelhos cuja certificação for aceita pela Anatel.[190] Esse controle é feito por meio de uma numeração nominada de IMEI *(International Mobile Equipment Identity)*, equivalente à numeração do chassi de um carro, muito embora, por não ser controlado por tecnologia, é passível de adulteração. Ainda há um esforço para impedir o uso de aparelhos extraviados, furtados ou roubados, mediante bloqueio. É um método de garantia de originalidade e rastreio desses bens, especialmente nos casos de revenda, já que a identificação permanece inalterada.

Já em relação aos NFTs, o controle é feito de forma descentralizada.[191] Sem a necessidade de uma verificação

---

190. BRASIL. Presidência da República. Lei nº 9.472, de 16 de julho de 1997. Dispõe sobre a organização dos serviços de telecomunicações, a criação e funcionamento de um órgão regulador e outros aspectos institucionais, nos termos da Emenda Constitucional nº 8, de 1995. *Diário Oficial da União,* seção 1, p. 15081, 17 jul. 1997. Disponível em: https://www.planalto.gov.br/ccivil_03/leis/l9472.htm. Acesso em: 23 jul. 2022.

191. "O paradigma para o qual caminhamos: Consenso e descentralização. [...] Um dos efeitos colateralmente projetados pelo estado de consenso é a eliminação de setores mediadores das relações, ponte que nos leva à ideia de descentralização, identificando a relação umbilical entre um e outro desses elementos – tal como se, ao pensar em consenso, projetássemos automaticamente a ideia de descentralização. [...] Posta essa premissa, parece fácil concluir que a valorização do "consenso independente", com a consequente dispensada do "intermediador-autoridade" significa a valorização da linguagem produzida pelos atores envolvidos no ato-fato por eles projetado, um símbolo mais do que evidente de verdadeira democracia, à medida que subtrai o poder de censura indireta estabelecido pelo sistema convencional quando credencia a linguagem se e quando chancelada por determinados sujeitos e cumprido determinado rito" (CONRADO, Paulo César. Evolução tecnológica: onde ocorre a mudança de paradigma? *In:* GOMES, Daniel de Paiva; GOMES, Eduardo de Paiva; CONRADO, Paulo Cesar (coord.). *Criptoativos, tokenização,*

Estatal ou de uma companhia determinada, a estabilidade das relações se dá por uma tecnologia criptografada, com registro único na *blockchain*.

Blockchain, por sua vez, é um banco de dados público (mas não pertencente a um Estado) por onde se faz transferência de propriedade e rastreabilidade de transações. É um livro razão onde esses dados armazenados não são sujeitos à modificação, garantindo assim sua confiabilidade.[192]

No ambiente do Metaverso, o *blockchain* apresenta funcionalidades que podem ser de extrema valia: (i) garantir a manutenção da propriedade e autenticidade de ativos digitais, os *NFTs*; (ii) promover uma economia virtual sólida, com o registro e gerenciamento de transações realizado de forma transparente e acessível; (iii) possibilitar a interoperabilidade e portabilidade de ativos entre Metaversos diferentes, sem a necessidade de intervenção estatal; (iv) viabilizar uma governança descentralizada, como atualizações e alterações nas regras e políticas do ambiente virtual promovidas por seus usuários.

5.1.5 O indivíduo no Metaverso

Sujeitos são agentes responsáveis pela prática de atos dentro de um contexto. No ambiente jurídico, (como visto em item próprio), são titulares de direitos e deveres.

---

blockchain e metaverso: aspectos filosóficos, tecnológicos, jurídicos e econômicos. São Paulo: Thomson Reuters Brasil, 2022. p. 63-72, p. 70.

192. A confiabilidade dos ativos tem estrita ligação com a imutabilidade, ou seja, a característica de certos bens digitais dentro desse ambiente virtual não poderem ser modificados após sua criação. É um dos pontos mais importantes da tecnologia *blockchain*. Um exemplo é o de jogos *on-line* estruturados via *blockchain* em que bens, como armas, roupas ou acessórios dos *players*, são criados como ativos únicos e exclusivos, com propriedades e estatísticas específicas.
Além disso, a imutabilidade também pode ser importante para a governança e a segurança no metaverso, como ao estabelecer regras ou *smarts contracts* que governam transações e interações dentro do ambiente virtual; a imutabilidade dessas regras garante que elas não possam ser manipuladas ou alteradas de forma fraudulenta.

No contexto do Metaverso, o indivíduo[193] se refere a uma pessoa ou usuário que interage com o ambiente virtual e outros participantes dentro desse espaço compartilhado. Ele é representado por um avatar, uma representação digital personalizada do usuário, que tem por função observar, explorar e participar das mais diversas atividades virtuais, além de produzir novas realidades dentro daquele universo.

O avatar é uma representação visual (e tecnológica) dos indivíduos (usuários) do ambiente virtual, que estabelece uma conexão entre o ser humano e o sistema computacional. Ele pode ser uma imagem, um modelo 3D ou qualquer forma visual que represente o usuário no espaço virtual.

O termo *avatar* tem origem no hinduísmo, trazendo a ideia de encarnação, ou materialização, de representação de um indivíduo.[194]

Essa personificação nada mais é que a representação da linguagem fabuladora do Metaverso: a criação do sujeito para quem aquele contexto foi criado. Assim como há a necessidade da criação de perfis para que alguém possa participar das redes sociais, nos ambientes virtuais como o Metaverso, é preciso se valer da construção de um avatar.[195]

---

193. Utiliza-se a partir desse item o termo *indivíduo* por ser mais coerente no desenvolvimento do tema sem, no entanto, fazer sobre ele qualquer distinção em relação à expressão *sujeito*.

194. 1. na crença hinduísta, descida de um ser divino à terra, em forma materializada [Particularmente cultuados pelos hindus são Krishna e Rama, avatares do deus Vixnu]; os avatares podem assumir a forma humana ou a de um animal.
2. processo metamórfico; transformação, mutação;
2.1. manifestação, epifania, modalidade; encarnação (de alguém ou algo) ‹argúcia e malícia não são mais que avatares da mesma inclinação› ‹avatares da maldade humana perpassam todas as eras da história› ‹os ventos, raios e o a. do orixá Iansã› ‹Da Vinci no seu a. de cozinheiro›.
2.2. personificação simbólica de um usuário em ambientes virtuais (da internet, em jogos eletrônicos, vídeo games etc.) (DICIONÁRIO HOUAISS DA LÍNGUA PORTUGUESA. *UOL*. São Paulo, 2022. Disponível em: https://houaiss.uol.com.br/. Acesso em: 27 jun. 2023, *s.v.* avatar).

195. Ainda podem ser denominados *infoindivíduos*, os indivíduos informacionais (são

Importante considerar também que o modo como esse avatar será concebido, seus limites temporais, sua capacidade de agir e o papel que exercerá nesse contexto virtual seguem parâmetros do sistema (do Metaverso) ao qual pertence. Assim, até onde se tem notícia sobre os Metaversos existentes, um sujeito material pode *ter* ou *ser* vários indivíduos avatares, pois atualmente não há uma limitação (tal qual acontece na abertura de uma MEI, por exemplo) para que a cada pessoa física corresponda exclusivamente um único avatar, mas ainda assim há diferenças nas condições e direitos desses indivíduos virtuais. Um sujeito pode possuir várias *personas,*[196] representadas pelas máscaras de Jung, como variáveis do mesmo sujeito. Não somente sua criação, mas a forma de *banimento* desses avatares é caso de extrema preocupação para a regulação das relações em que ele participe. Isso porque um avatar poderá, por exemplo, acumular riquezas dentro desse ambiente, e como ficaria esse patrimônio com seu banimento?

Esse é mais um exemplo da constante evolução social, onde esses ambientes tecnológicos propiciam a interação entre sujeitos – aqui representados imageticamente por seus avatares. Esse é o alerta feito por Silvia Piva: o conceito de *sociedade*, portanto, a partir da visão ocidental, precisa ser ampliado, para conceber o pós-humano, que age em simbiose com as tecnologias e para perceber as agências que interagem com o humano.[197]

---

os seres, datificados, ou seja, produzidos por meio de linguagem de programação).

196. Referente aos aspectos de personalidade que um sujeito escolhe, de forma consciente ou não, de se apresentar para a sociedade.

197. PIVA, Sílvia. A emergência da web 3, novos contextos e controvérsias da Ciência do Direito; uma abordagem tecnofilosófica. *In:* GOMES, Daniel de Paiva; GOMES, Eduardo de Paiva; CONRADO, Paulo Cesar (coord.). *Criptoativos, tokenização, blockchain e metaverso:* aspectos filosóficos, tecnológicos, jurídicos e econômicos. São Paulo: Thomson Reuters Brasil, 2022. p. 121-130, p. 129.

Desse modo, para que o Direito atue sobre esses novos indivíduos precisará introduzi-los em seu ambiente, construindo norma jurídica que torne essas representações também pessoas jurídicas: é o Direito criando *pessoas* a partir da observação da realidade social.

PARTE II

APLICAÇÃO DE CONCEITOS: A PRAGMÁTICA

Para além da formação de conceitos, o estudo semiótico depende de aplicação. A pragmática vem, portanto, nessa segunda fase para trazer o viés do uso dos conceitos, seja na criação de regulamentações das atividades humanas, seja na jurisprudência, que já fez uso dos conceitos previstos na legislação, aplicando-os a situações concretas.

6. O USO DE CONCEITOS PELO DIREITO

O processo interpretativo do Direito parte dos enunciados prescritivos, com o intuito de construir a norma e os conceitos que nela estão contidos. Como visto, esse processo leva em conta aspectos do comportamento social perante a língua que se tem em uso, seu contexto.

Tal análise é capaz de demonstrar seu aspecto intensivo, traçando a compreensão dos enunciados à sua aplicação nas decisões judiciais relacionadas à questão em discussão, sua extensionalidade. A partir desse processo, surgem normas cada vez mais especializadas, derivadas das normas gerais.

Os itens deste capítulo pretendem demonstrar resultados desse processo.

6.1 Jurisprudência e conceitos

A jurisprudência exerce diretamente influência no sentido e alcance dos conceitos. Ao utilizá-los, não somente tratam de sua vigência como também os atualizam *pari passu* com a sociedade.

Exemplo interessante é o recente julgamento do STF[198] em que afastou a tese da *legítima defesa da honra*, considerando que tal argumentação era utilizada exclusivamente para permitir comportamentos abusivos que justificavam o feminicídio. Quando foi criada a legislação (o Código Penal data de 1940), os arts. 23, II, e 25 do CP previam a legítima defesa como uma ideia ligada a outros conceitos, como o de *mulher honesta*, e ainda influenciados pelos Códigos Criminais anteriores, que variaram da autorização que um homem matasse sua esposa em virtude de traição, à possibilidade de absolvição no caso de julgamento, sendo essa última prática predominante até meados dos anos 1960.

O termo *mulher honesta* foi retirado do Código Penal em 2005 e do Código Civil atual, de 2002, pois sua intensionalidade atual nada tem de correspondência com aquela legislação. Honestidade não guarda relação com gênero, mas dignidade e honradez do *ser humano*, levando assim à noção de atividades que nada guardam relação com comportamentos em relações amorosas. Tanto é assim que a legislação atual não comporta mais essa previsão, em decorrência das reiteradas decisões; na linha que justifica "a sensibilidade instrumental é a característica que possibilita

---

198. Para o relator Ministro Dias Toffoli, trata-se de um "recurso argumentativo/retórico odioso, desumano e cruel" utilizado pelas defesas de acusados de feminicídio ou agressões para imputar às vítimas a causa de suas próprias mortes ou lesões (BRASIL. Ministério Público Federal. Procuradoria-Geral da República. Arguição de Descumprimento de Preceito Fundamental nº 779. Relator: Ministro Dias Toffoli. Brasília, 11 maio 2023).

que um juiz tenha a percepção de que a realidade social permite a adaptação das leis".[199]

Quando o assunto é evolução tecnológica, mais complexa e deficitária é a legislação ao acompanhar esses avanços. Muitos conceitos são inaugurados na jurisprudência e forjados pelo seu uso.

Interessante também notar que a discussão de um tema não se restringe a ele. Ao realizar a aplicação de conceitos, o julgador lança mão de seu repertório, definindo e redefinindo situações que orbitam em torno dele e que, muitas vezes, acabam por ocupar posto de maior relevância nos efeitos sobre o sistema que o próprio conceito central.

Daí a relevância de compreender a questão contextual em que a discussão está inserida, pois, caso contrário, tratar-se-ia dos conceitos de forma não sistematizada.

Tributação do Software

O tema 590 do STF, formado a partir do RE 688.223/PR,200 trata essencialmente da possibilidade de incidir ISS

---

199. D'MACÊDO, Juliana Maria. Pragmatismo Jurídico no Supremo Tribunal Federal. *Revista Direito e Humanidades*. São Caetano do Sul, n. 25, p. 1-5, 2013, p. 4.

200. "Recurso extraordinário. Repercussão geral. Direito Tributário. ISS. Licenciamento ou cessão de direito de uso de programas de computação desenvolvidos para clientes de forma personalizada. Subitem 1.05 da lista anexa à LC nº 116/03. Constitucionalidade. Precedentes do Tribunal Pleno. 1. Recentemente, o Tribunal Pleno, no julgamento das ADI nºs 1.945/MT e 5.659/MG, consignou que a tradicional distinção entre software de prateleira (padronizado) e por encomenda (personalizado) não é mais suficiente para a definição da competência para a tributação dos negócios jurídicos que envolvam programas de computador em suas diversas modalidades. 2. Na mesma oportunidade, a Corte aduziu que o legislador complementar, adotando critério objetivo, buscou dirimir conflitos de competências em matéria tributária envolvendo softwares, estabelecendo, no subitem 1.05 da lista anexa à LC nº 116/03, que estão sujeitos ao ISS o licenciamento e a cessão de direito de uso de programas de computação. Pontuou-se, ademais, que, conforme a Lei nº 9.609/98, o uso de programa de computador no País é objeto de contrato de licença. 3. Ainda naquela ocasião, o Tribunal consignou que, associado a isso, não se pode desconsiderar o fato de que é imprescindível a existência de esforço humano direcionado para a construção de programas de computação, sejam eles de qualquer tipo, configurando-se obrigação de fazer, a qual também se encontra presente nos demais

sobre licença de *software* denominado *SaaS*, ou seja, elaborado de forma personalizada para a tomadora do serviço.

O julgado trata, ainda, da possibilidade de estender a imunidade da prestadora à tomadora, considerando não haver incidência do ISS sobre o licenciamento de uso de *software* elaborado por empresa estrangeira, embora o resultado do serviço seja percebido exclusivamente no Brasil. A recorrente é a tomadora dos serviços.

Quanto ao conceito de *software*, define que são programas de computador, cujo uso é possibilitado por meio de contratos de licença, sujeitos ao ISS. O *software* é sempre resultado de um labor humano, seja para sua constituição, seja para o acesso ao suporte do usuário. Aduz ainda que, nesse contexto (o da tributação), duas ideias estão consolidadas:

1. A Constituição não se utiliza das premissas firmadas no direito privado para os conceitos, construindo os seus próprios, de modo que se torna irrelevante o elo entre obrigação de fazer e o conceito de *serviço*.
2. A dicotomia entre *softwares* personalizados e de prateleira não é pertinente, já que a incidência do ISS leva em conta a cessão de uso, e não seu formato, estando, portanto, definida a competência tributária idêntica para ambos.

---

serviços prestados ao usuário, como no *help desk*, nas atualizações etc. Outrossim, asseverou o Tribunal haver prestação de serviço no modelo denominado Software-as-a-Service (SaaS). 4. Aplica-se ao presente caso a orientação firmada no julgamento das citadas ações diretas. 5. Foi fixada a seguinte tese para o Tema nº 590 de repercussão geral: '[é] constitucional a incidência do ISS no licenciamento ou na cessão de direito de uso de programas de computação desenvolvidos para clientes de forma personalizada, nos termos do subitem 1.05 da lista anexa à LC nº 116/03'. 6. Recurso extraordinário não provido. 7. Os efeitos da decisão foram modulados nos termos da ata do julgamento" (BRASIL. Supremo Tribunal Federal. Recurso Extraordinário nº 688.223/PR. Relator: Ministro Dias Toffoli. Julgamento: 06 dez. 2021. Órgão Julgador: Tribunal Pleno. Publicação: DJe, 03 mar. 2022).

No voto do Min. Alexandre de Morais (fls. 44/73 do acórdão), há referência à ADI no 1945, de relatoria da Min. Carmen Lúcia, onde está contida importante contribuição para o tema:

> O Tribunal não pode se furtar a abarcar situações novas, consequências concretas do mundo real, com base em premissas jurídicas que não são mais totalmente corretas. O apego a tais diretrizes jurídicas acaba por enfraquecer o texto constitucional, pois não permite que a abertura dos dispositivos da Constituição possa se **adaptar aos novos tempos**, antes imprevisíveis.[201]

Desse modo, a jurisprudência busca ampliar a extensão do conceito de *serviço*, para que possa atender às realidades atuais.

No que diz respeito à exportação do serviço, embora o *software* seja personalizado e essencial para as atividades da tomadora, não se confunde com o seu serviço, que é o de telecomunicação, nem mesmo é atividade meio para ela, sendo o serviço relacionado ao próprio licenciamento do *software* personalizado e prestado pela empresa estrangeira, ou seja, a tomadora nem faz parte da relação obrigacional tributária, é mero responsável tributário (art. 6º, § 2º, I, LC nº 116/2003). Portanto, não pode ser atingida pela imunidade do art. 155, § 3º, CF, especialmente pela relação tributária que se dá entre o prestador do serviço e o Município.

Ademais, o *software* produz efeitos no Brasil, e a operação tributada é o licenciamento ou a cessão do direito de uso do *software*, que concretiza o serviço. O serviço entrou no país, e a tributação ocorre a partir desse momento, não obstante a elaboração tenha se dado no exterior (art. 1º, § 1º, LC nº 116/2003 – princípio da tributação no destino).

---

201. BRASIL. Supremo Tribunal Federal. Medida Cautelar na Ação Direta de Inconstitucionalidade nº 1.945/MT. Relator: Ministra Cármen Lúcia. Julgamento: 26 maio 2010. Órgão Julgador: Tribunal Pleno. Publicação: DJe, 04 jun. 2010.

Tanto é que o art. 156, § 3º, CF, permite a exclusão da incidência do ISS em questão de exportações de serviços.

Julgado	*Conceitos centrais*	*Conceitos paralelos*
RE 688.223/PR – Tema 590	*Software* Imunidade da exportação de serviço	Serviço como obrigação de fazer Relação jurídica tributária

Os novos tempos aludidos pelo Ministro Alexandre de Morais guardam referência à jurisprudência que o RE nº 688.223 estava transpondo. Isso porque o julgado emblemático sobre o tema data do ano de 1998, com o RE nº 176.626, discutindo a competência para a tributação dos *softwares*.

À época, decidiu-se pela competência da tributação pelo ICMS sobre a comercialização de *softwares* de prateleira, incidindo sobre o meio físico de acesso ao programa, seus *CDs*, não incidindo o tributo sobre a licença em si, a mercadoria tributada era exclusivamente o bem material.

Já no que dizia respeito aos *softwares* por encomenda, aqueles cuja elaboração decorre de uma demanda específica de quem dela fará uso – seja todo o escopo do trabalho ou os derivados de personalizações em sistemas pré-concebidos –, o tributo correspondente seria o ISS.

No processo de transição, houve ainda alguns outros julgados, merecendo destaque na discussão de lei estadual do Mato Grosso, prevendo a cobrança de ICMS sobre a venda de *softwares* de prateleira, já não mais realizada por intermédio de *CDs*, mas viabilizada por *downloads*, ampliando, portanto, o conceito de *mercadoria*, que no ano de 1998 era considerada exclusivamente o meio físico, e não o programa de computador. Essa legislação conflitava com a LC nº 116/2003, que encaixava entre os serviços tributáveis pelo ISS a licença para uso dos programas de computador.

A disputa de competência fica cada vez mais acirrada, pela sucessão de convênios CONFAZ, ora concedendo benefícios fiscais para bens digitais – extrapolando, portanto, o conceito de *mercadoria* como bem corpóreo, ora definindo o formato de incidência para os Estados; e, de outro turno, com a edição de nova LC sobre o ISS, que mantém a incidência do tributo municipal sobre *softwares* e inclui a referente sobre novas tecnologias, como o *streaming*, por exemplo. Até que, finalmente, o STF decide o tema, atribuindo aos municípios a competência de sua tributação, seja nas hipóteses de produtos padronizados, ou de prateleira, onde a incidência se justifica pelo licenciamento desses programas, seja no esforço humano investido nas personalizações e atendimentos *help desk* de usuários.

A questão central, portanto, é: o conceito de *software* evoluiu nesse intervalo de pouco mais de 20 anos? Ou evoluiu o sistema jurídico que define o conceito de *software* de forma diversa e, em virtude disso o tributa de forma diversa?

Tecnologicamente, muito embora se experimente uma evolução maior e cada vez mais rápida dos produtos, o objetivo do *software* é o mesmo lá (no passado) e aqui (no presente), de modo que para o Direito não se justifica falar em mudança, apenas da forma de acesso, que agora não depende de suportes tangíveis, apenas de acesso, pois nem lá nem cá se transfere propriedade; o que está em jogo é a concessão de uso.

A busca pelo conceito constitucional de *serviços* pode ter vários caminhos, mas precisa ser coerente sempre com o sistema no qual está inserido. Há, entre os julgados trazidos, uma coerência de raciocínio: tributa-se com ICMS a transferência de propriedade, que à época do primeiro julgado se restringia aos CDs, e com ISS aquilo que decorre do esforço humano.

O que não havia lá no início da jornada interpretativa era um repertório tecnológico que justificasse os bens não corpóreos, muito comum na atual Sociedade da Informação, sendo que sobre a transferência deles pode sujeitar a operação à incidência do ICMS – e todos os demais tributos a cuja transferência de titularidade de uma mercadoria esteja subordinada.

Evolui, portanto, o sistema jurídico, que responde aos questionamentos adequados às novas realidades.

6.1.1 O uso de conceitos na lei – a regulação de novas tecnologias – tendências e aplicações

Forte demonstração na necessidade de se estabelecer conceitos que garantam um mínimo de pacificação no que tange aos efeitos da economia digital são os Pilares 1 e 2 do projeto BEPS da OCDE, com o intuito de rever o sistema tributário internacional e os pontos de convergência e divergência entre os sistemas nacionais, decorrentes da transnacionalidade de atividades digitais, realocando lucros de grandes empresas do ramo.

O Pilar 1 objetiva transferir parte dos lucros de grandes empresas (as EMNs) para o país em que exerçam efetivamente suas atividades, onde os consumidores/usuários estão. Esse Pilar tem como objetivo tratar da tributação de negócios digitais, que podem operar globalmente sem a necessidade de ter uma presença física multinacional, bem como a distribuição das receitas fiscais entre os países, auxiliando, em especial, aqueles em desenvolvimento.

Já com o Pilar 2, pretende equilibrar a tributação entre os países, para desestimular a migração dessas empresas a jurisdições com baixa tributação ou nenhuma – os paraísos fiscais –, de modo a estabelecer que, se a tributação à qual a empresa submetida estiver abaixo daquela faixa, o outro poderá cobrar a complementação do tributo.

Muito embora o Brasil ainda não seja membro da OCDE, o projeto BEPS vem sendo acompanhado pelo país, ao demonstrar interesse em fazer as adequações necessárias à sua participação. Dentre as exigências, estão o compromisso de não manter impostos sobre serviços digitais e não implementar novos e a criação de mecanismos de regulação de controvérsias.

Outra dificuldade é o fato de o Metaverso não ser considerado um *país*, de modo que não tem representatividade para participar das composições da OCDE. É uma realidade que, como já visto, pretende representar um grupo social, mas não corresponde ao conceito de sociedade atualmente posto.

Essas medidas deixam patente a necessidade de se estabelecer critérios transnacionais para gerir a economia digital, que possui, no mais das vezes, transações não captadas por regras de localização física. Isso porque os limites geográficos de separação das nações já não trazem respostas suficientes para essas questões.

Já no sistema interno, essa preocupação tem se mostrado patente com Projetos de Lei, como o 2.358/2020 e o 640/2021, apensado ao primeiro, por envolver a mesma temática. A ideia desses projetos é a de tributar grandes empresas de tecnologia que possuam atuação internacional, visando à garantia de que essas empresas paguem sua parcela de tributos, garantindo a justiça fiscal por atender a um equilíbrio na arrecadação de tributos, minimizando assim os efeitos negativos no mercado, custos de conformidade e incentivando a inovação por *startups* internas.

Veja-se, entretanto, que, muito embora essa seja uma preocupação do sistema tributário, há dois pontos que merecem destaque no Projeto de autoria do Deputado João Maia (nº 2.358/2020), destacado na Justificativa: os padrões de ação propostos pela OCDE e a dificuldade em criar um tributo sobre atividade sobre a qual não se garante rastreabilidade, alguma:

> Entendemos que a **melhor solução estará**, sem dúvida, em uma **solução internacional** que estabeleça regras mais justas para a tributação dos lucros das grandes empresas de tecnologia. Quando isso ocorrer, seremos os primeiros a defender a adesão do Brasil a esse acordo e a extinção da CIDE-Digital [...]. **Temos consciência da complexidade da proposta** que estamos apresentando, e de que será necessário discutir os detalhes desse novo tributo com o Congresso Nacional, o Poder Executivo, as empresas envolvidas e toda a sociedade. Mas também temos certeza de que esse debate não pode mais tardar, sob pena de perdermos um importante instrumento de financiamento das políticas públicas de que tanto necessitamos.[202]

Toda vez que a tributação tiver como base atividades de tecnologia será preciso determinar algum elemento de conexão (que será tratado oportunamente), já que a definição espacial não é possível. O que os projetos brasileiros e da OCDE tomam em conta é o território de atuação dessas MNEs, especialmente daquelas que lidam exclusivamente com tecnologia, não havendo elemento físico para determinar quem tem jurisdição.[203]

Mais que isso, em especial no que tange ao PL nº 2.358, o critério é o de localização de usuários, muito embora haja muita polêmica o envolvendo, já que há tecnologias para dispersar essa geolocalização; o que se vê é o critério de

202. BRASIL. Câmara dos Deputados. Projeto de Lei nº 2.358, de 2020. Institui a Contribuição de Intervenção no Domínio Econômico incidente sobre a receita bruta de serviços digitais prestados pelas grandes empresas de tecnologia (CIDE-Digital). Brasília, 2020. Disponível em: https://www.camara.leg.br/propostas-legislativas/2251395. Acesso em: 18 jul. 2023.

203. Segundo o secretário-geral da OCDE, Mathias Cormann, "São negociações complexas e muito técnicas em relação a alguns novos conceitos que reformam fundamentalmente os arranjos tributários internacionais, para torná-los mais justos e de melhor funcionamento em uma economia mundial cada vez mais digitalizada e globalizada" (MARINHO, André. OCDE adia para 2024 acordo de tributo global de gigantes de tecnologia. *Estadão*. São Paulo, 11 jul. 2022).

pertencimento a um sistema como o que justifica uma tributação. Nesse caso, o pertencimento daquele que é tributado seria aferido pela localização de seus usuários. A grande questão é que, atualmente, quem realiza esse relatório são as próprias empresas, não apenas dizendo onde estão seus usuários, mas quantos são.

6.2 Do uso de conceitos para uma tributação no Metaverso

O Estado tributa as manifestações de riqueza dos indivíduos com a finalidade de que essa arrecadação possa ser utilizada de forma a custear as atividades do próprio Estado.

Quando se fala de uma sociedade virtual, é preciso determinar quais são essas atividades que dependem do esforço estatal para serem oferecidas aos cidadãos e, por esse motivo, demandariam arrecadação de tributos.

Na realidade atual desses ambientes não físicos do qual o Metaverso pretende ser o representativo, não há que se falar em fiscalização, pois o Estado sequer está presente nela; não há público e privado, mas um novo formato de coletivo, cuja infraestrutura tem exclusiva iniciativa particular. Não há a presença de representantes dos particulares, ou seja, de representantes do povo; há pessoas agindo em nome próprio e sendo monitoradas e limitadas pelo próprio grupo que participa, via *blockchain.*

Mais que isso, para agir o Direito precisa de norma, de texto. A incidência jurídica não é decorrência natural das inovações sociais, decorre sempre de lei que determine o modo de agir. Lúcia Santaella, ao desenvolver o "manifesto das Humanidades Digitais (HDs)" faz referência a essa nova dimensão do conhecimento que não se limita ao texto como entidade promotora de conteúdo, onde o meio digital se mostra como uma superação representativa da hipercomplexidade da sociedade atual. A cocriação é padrão de constituição de novas realidades. Simplificar esses processos demanda conhecimento e visão transdisciplinares.

Considerando o desenvolvimento que se fez nos capítulos anteriores acerca dos conceitos, em especial dos conceitos utilizados pelo Direito, esse é o momento de estabelecer o paralelo entre as realidades físicas e aquela construída pelo Metaverso. Isso porque é o Direito que incide sobre a realidade social, e não o contrário. Desse modo, há que se ter uma justificativa para a participação do Estado no ambiente do *Metaverso*.[204]

Uma coisa é afirmar que o Direito é uma necessidade decorrente da vida em sociedade, ou seja, que toma os fatos sociais como base para seu discurso. Outra, bem diferente, é admitir que esses fatos sociais e a maneira como são enxergados pelos aspectos sociais interfiram no sistema do Direito. Assim, necessária a atuação do Direito, determinando o modo como vai (e se vai) regular cada uma das condutas interpessoais que lhe sejam relevantes.

Em se tratando de inovação, a pragmática jurídica tem apresentado algumas respostas. Seja na solução de conflitos internacionais, com textos produzidos pela OCDE ou a partir de seus Pilares, seja na produção de normas jurídicas internas, como se verá a seguir. Produção de normas como pragmática: resultado da observação do legislador, atuando, agindo, decidindo.

---

204. "[...] o sistema tributário deve ter como objetivos o desenvolvimento econômico e social, sem que comprometa a criação de empregos, a redução da dependência de capitais externos, a eliminação da pobreza, as justiças fiscal e social, a diminuição das desigualdades regionais, citando estes apenas como referências. Nesse sentido, pode ser questionado até que ponto o sistema tributário brasileiro permite a alteração da política fiscal para intervenção no setor econômico? As mudanças na legislação tributária são constantes, e uma revisão dos mecanismos e novas possibilidades são imprescindíveis" (RIBEIRO, Maria de Fátima. Crise Econômica e o Ajuste Fiscal nos Limites do Direito. *In:* QUEIROZ, Mary Elbe (coord.). *Tributação em foco:* a opinião de quem pensa, faz e aplica o direito tributário. v. 2. São Paulo: Focofiscal, 2015. p. 109-132, p. 110).

6.2.1 Elementos de conexão

Nas relações tecnológicas, os limites geográficos de competência não são facilmente estabelecidos, assim a presença de *elementos de conexão* é essencial para determinar qual sistema normativo deve ser aplicado. Esses elementos de conexão correspondem a critérios para determinar quem é competente para tributar determinadas questões sobre tecnologia, em especial aquelas que não possuem elementos físicos, apenas dados.

Muito embora a ideia do Metaverso seja a de superar o elemento de conexão, pois não possui um sistema jurídico nos moldes dos nacionais que se podem experienciar na atualidade, os elementos de conexão podem ser um bom caminho para superar essas controvérsias. Na atualidade, toda expectativa de tributação das atividades tecnológicas, leva em conta o local onde a empresa dona da plataforma está sediada e ainda assim é um critério que costuma não corresponder ao local onde seus efeitos são obtidos. É um problema que vem sendo mundialmente explorado, mas ainda com poucas (ou nenhuma) respostas. Nesse sentido:

> the server may be a good proxy for the source of Metaverse income because the Metaverse, as experienced by its users, does not have actual coordinates on any map. But as human beings we have the need to live with tangibles. Therefore, if we are set on pinpointing a location for the Metaverse, one option is to look to the locations of servers that house the ones and zeros behind the Metaverse's operability. But this argument for source taxation still has its own flaws even if it does feel appropriate to the more technically minded individuals among us.[205]

Entre os elementos de conexão mais comuns estão: local de constituição da obrigação ou de sua execução; foro eleito

205. KIM, Young Ran (Christine). *Taxing the Metaverse.* 112 Georgetown Law Journal (forthcoming 2024), p. 53. Disponível em: https://papers.ssrn.com/sol3/papers.cfm?abstract_id=4549974. Acesso em: 31 out. 2023.

– autonomia da vontade; situação do bem; nacionalidade; domicílio e territorialidade, sendo destacados esses três últimos.

A nacionalidade, como critério preponderante, atrai a competência para os Estados de origem das partes, ou daquela em situação de *vítima*, nos casos que envolvam ações criminais ou de direitos humanos.

Muito embora não se trate de uma legislação, a Declaração Universal de Direitos Humanos, elaborada pela ONU, é um texto transnacional e estabelece, entre outras coisas, que todos têm direito à nacionalidade (art. 15), desde o nascimento, mas podem alterá-la de forma voluntária.

A análise desse dispositivo traz algo que justifica a questão do pertencimento a uma determinada nação: o indivíduo pode substituir sua nacionalidade, de acordo com uma ação voluntária, mas não pode ser apátrida, ou seja, precisa sempre estar vinculado a um contexto nacional, e esse ponto justifica, por exemplo, a universalidade da tributação, tratada no item 3.5.1.

O domicílio é o critério mais utilizado quando se trata de relações de direito civil, sendo aplicado o regramento do país em que o sujeito tenha constituído seu domicílio.

A territorialidade se aproxima ao critério espacial de uma regra-matriz de incidência, sendo o local onde o fato aconteceu. Em matéria digital, talvez esse – já atualmente – seja o critério de mais difícil aplicação. Uma empresa "E" coloca seu produto à venda por meio de um *marketplace* "M", onde um consumidor "C" adquire o produto, sendo cada um desses sujeitos de um território diferente e a relação entre eles apresentar algum vício que demande atuação judicial. O território que deve ser acionado se mostra desafiador, ainda mais considerando a possibilidade de nenhum dos três possuir domicílio concorrente. Tanto isso é verdade, que no aspecto da tributação esse ponto tem sido objeto do Pilar 1, como visto.

Se essa situação já se mostra complicada com sujeitos pertencentes a um Estado, no caso ser realizado em um ambiente de Metaverso, onde sequer o próprio ambiente pretende ser aderido a uma nação, potencializa o grau de dificuldade, pois, a iniciar pelo *blockchain*, entidade responsável pelo processamento dessas transações ser intangível e aterritorial, apenas um eventual critério prévio de acordo de vontades poderia viabilizar uma possível solução, desde que o foco do problema não seja o próprio *blockchain*.

É exatamente em virtude da aplicabilidade de critérios determinantes para a aplicação de normas reguladoras de situações oriundas dessa nova realidade que a conscientização sobre o uso de conceitos e parâmetros se mostra necessária. Ainda, é pelo do já regulado atualmente que se pode desenhar um caminho possível.

Pode, ainda, haver uma composição de elementos, em busca de uma resposta mais factível de competência, pois a determinação da legislação aplicável varia a depender da área do direito em questão e das circunstâncias do caso.

Importante ainda levar-se em conta que nenhuma regulamentação transnacional pode violar normas domésticas e ao se considerar o panorama brasileiro, que traz na LINDB (arts. 7º a 19) basicamente as indicações de competência em relações que puderem ter implicações não nacionais, seja por sua origem (critério espacial), seja pela origem dos sujeitos envolvidos (critério pessoal).

No contexto da tecnologia digital e do direito internacional, surgem desafios específicos relacionados à determinação da lei aplicável e à resolução de disputas transfronteiriças. Embora não existam elementos de conexão específicos para a tecnologia digital, alguns critérios podem colaborar com a solução desses conflitos.

Até mesmo por seu perfil de cooperação transnacional por meio da União Europeia, aquela região tem sido precursora nesse tema, realizando acordos internacionais, como a Convenção sobre o *Cibercrime*[206] ou o Regulamento Geral de Proteção de Dados (RGPD) da União Europeia,[207] que têm alcance extraterritorial. Isso porque, devido ao caráter transfronteiriço da tecnologia digital, a cooperação internacional é essencial para resolver disputas e questões legais.

6.2.2 A tributação das criptomoedas, um caminho possível

Hoje em dia não se busca mais a transferência de titularidade de mercadorias, nem mesmo os conteúdos que antes contavam com um suporte físico de acesso, como os *softwares* ou os discos de música; hoje são acessíveis por meio de assinaturas, vinculando pessoas a serviços de conteúdos cada vez mais extensos e atualizados.

> Enquanto na maior parte da Era Industrial a ênfase era em vender bens e dar garantias de serviços aos produtos gratuitamente como incentivo de compra, agora as relações entre bens e serviços estão se invertendo. Um número crescente de empresas entrega gratuitamente seus produtos, na esperança de iniciar relacionamento de serviço de longo prazo.[208]

206. PORTUGAL. Resolução da Assembleia da República nº 88/2009. Convenção sobre o Cibercrime. *Diário da República*, seção I, n. 179, 15 set. 2009. Disponível em: https://www.ministeriopublico.pt/instrumento/ convencao-sobre-o-cibercrime-0. Acesso em: 27 jul. 2022.

207. UNIÃO EUROPEIA. Parlamento Europeu. Conselho Europeu. Regulamento nº 679, de 27 de abril de 2016. Regulamento Geral sobre a Proteção de Dados. Relativo à proteção das pessoas singulares no que diz respeito ao tratamento de dados pessoais e à livre circulação desses dados e que revoga a Diretiva 95/46/CE. *Jornal Oficial da União Europeia*, n. 119, p. 1-88, 04 maio 2016. Disponível em: https://commission.europa.eu/law/ law-topic/data-protection/data-protection-eu_pt. Acesso em: 27 jul. 2022.

208. RIFKIN, Jeremy. *A Era do Acesso:* A Transição para Networks e o Nascimento de uma Nova Economia. Tradução: Maria Lucia G. L. Rosa. São Paulo: Makron Books, 2001, p. 5.

A tecnologia tem contribuído para que, cada vez mais, os produtos sejam transformados em dados, ou seja que se desmaterializem e sejam negociados no ciberespaço.

A transferência de recursos no ambiente do Metaverso acontece exclusivamente em moedas virtuais, as criptomoedas, independentemente do aparato fático a que faça referência. Como demonstrações de riquezas que são, como fica sua tributação, diante do que já foi dito e diante do posicionamento brasileiro de que essas moedas sequer são reconhecidas como dinheiro?

Parece haver uma transposição desses investimentos para o mundo virtual, cujo alcance não pode ser feito pelo direito brasileiro (quiçá por algum outro sistema), pois ainda não possuem aparato suficiente para, como Estado, participar dessa dinâmica social de forma ampla. Sua ação se restringe aos efeitos produzidos no escopo dos ambientes físicos, e essa dinâmica é própria da construção jurídica: primeiro as coisas acontecem na realidade social para, somente depois, poderem ser alcançadas pela realidade jurídica.[209]

Neste ponto, vale a lição de Gregorio Robles:

> O fenômeno jurídico é um fenômeno sumamente complexo. Diferentemente do jogo, não se produz na superfície da vida humana, mas é a expressão organizativa da sociedade. É um fenômeno multifacetado que tem a ver com o poder político e social, com a realidade antropológica e psicológica, com as formas de convivência que muda constantemente adaptando-se a circunstâncias históricas, que é reflexo da realidade econômica e ao mesmo tempo

209. "Governos derivam seus poderes justamente do consentimento daqueles que por eles são governados. Vocês nem solicitaram ou receberam o nosso. Nós não convidamos vocês. Vocês não nos conhecem, nem conhecem o nosso mundo. O Ciberespaço não se limita às suas fronteiras. Não pensem que vocês podem construí-lo, como se fosse uma obra de construção civil. Vocês não podem. É uma força da natureza, e ela cresce através das nossas ações coletivas" (BARLOW, John Perry. A Declaration of the Independence of Cyberspace. *Eletronic Frontier Foundation*. Davos, 08 fev. 1996. Disponível em: https://www.eff.org/pt-br/cyberspace-independence. Acesso em: 22 jun. 2022).

> atua sobre ela, transformando-a e planejando-a. Enquanto o jogo representa um modelo simples de comunicação humana, o Direito é um modelo complexo, não apenas porque seus participantes são superiores em número, mas também porque é nele que se espelha a complexidade da organização coletiva e dos processos comunicativos dela decorrentes. Todas essas características fazem do Direito um problema difícil para o tratamento científico e que carece de solução se é pretendida uma visão global que desconheça a pluralidade das perspectivas epistemológicas.[210]

O Direito, assim, depende de um *quantum* de observação,[211] prévio à produção de normas, de modo ser necessário definir conceitos para que se possa compreender a forma como podem interagir e a eventual necessidade de inovação legislativa para a regulação de condutas representativas de riqueza – portanto capazes de compor antecedente de regra-matriz de incidência tributária – e outras tantas regras-matrizes de incidência. A partir daí pode ser feita uma análise sobre a necessidade de se tributar de forma específica cada atividade realizada dentro desses ambientes digitais.

Talvez aqui esteja uma chave da transformação do modelo de Estado, buscado por ambientes como o Metaverso, deixando de considerar a dicotomia público e privado. Isso porque o Estado deixa de participar do Metaverso e passa a ser apenas o representante do povo, não mais de maneira metafórica, mas sem intermediários mesmo. Tudo é entre particulares que, para além de seus direitos e deveres,

---

210. ROBLES, Gregorio. *As Regras do Direito e as Regras dos Jogos:* ensaio sobre a teoria analítica do direito. Tradução de Pollyana Mayer. São Paulo: Noeses, 2011, p. 10.

211. "Além de a tecnologia do software implicar algo inovador e, em contrapartida, o direito positivo não conseguir acompanhar realidades sociais provenientes da rapidez com que progridem inovações científicas e tecnológicas, a complicação e perplexidade para tratar da tributação dos programas de computador decorrem também do pouco conhecimento, por parte dos estudiosos do direito, acerca da tecnicidade imanente ao software, sua atuação e papel dentro do sistema informático e das transações econômicas tendo-lhe como objeto" (PADILHA, Maria Ângela Lopes Paulino. *Tributação de Software*. São Paulo: Noeses, 2020, p. 4).

têm por função a manutenção da coisa comum ou total, o ciberespaço.

> A radicalidade dessa transformação tecnológica está em que ela simplesmente solapou o sentido atribuído às noções de "esfera pública e esfera privada" e tudo o que delas decorre, pois engendrou o surgimento de um novo espaço dentro do qual se desenrola a *vida activa*, qual seja: o **ciberespaço**. Em decorrência desse novo espaço determinante à condição humana, novos preconceitos surgem e passam a compor o acervo de nossa cultura.[212]

Se o Estado não está lá, ele só consegue fiscalizar sua fronteira. O ingresso e a participação de um sujeito no *Metaverso* somente podem ser acompanhados, geridos e fiscalizados pelo Estado quando se puder definir a competência dessa gestão; até lá cabe a cada Estado a fiscalização de fronteira, na saída de seu território, relacionando bens e valores levados para essa *viagem*, bem como o resultado de seu retorno, seu reingresso ao ambiente nacional, à exceção do período que, mesmo inserido no Metaverso, for equivalente ao de prestar informações sobre renda e patrimônio, tal qual acontece por ocasião da Declaração Anual do Imposto sobre a Renda, tema bem ressaltado por Ricardo Mariz de Oliveira:

> [...] a concretização de um negócio jurídico é inerente ao Estado de Direito e gera consequências previstas e asseguradas pelas leis desse Estado, do qual ninguém (nem mesmo o Poder Público) sujeito à sua jurisdição pode escapar. Leis estas que estão dentro do que se conhece como "direito privado.[213]

---

212. SOUZA, Luiz Claudio Nogueira de. *Fundamentos para uma teoria hermenêutica do direito pós giro linguístico.* 2023. Dissertação (Mestrado em Direito) – Instituto Brasileiro de Estudos Tributários, São Paulo, 2023, p. 74.

213. OLIVEIRA, Ricardo Mariz de. A indissolúvel relação entre o Código Civil e o Direito tributário. *In:* SOUZA, Arivaldo Santos de; SANTOS, Guilherme; MACHADO, Hugo de Brito; MARTINS, Ives Gandra da Silva. Direito Tributário – Estudos em Homenagem a Edvaldo Brito. São Paulo: Atlas, 2014. p. 600-613, p. 600. Disponível em: https://www.marizadvogados.com.br/wp-content/uploads/2018/03/NArt.06-2014.pdf. Acesso em: 04 abr. 2023.

No Estado atual, não há previsão para o que acontece no Metaverso. Uma das construções possíveis daquela realidade é a de equiparar o que se realiza dentro do Metaverso ao papel teatral: um ator que representa o papel, onde o prestador de serviço, seja de qual modalidade for, nada mais é que um ator. Como não há base legal para essa participação, o modo como o sistema tributário trata as criptomoedas pode ser o caminho possível a ser seguido.

A previsão normativa nacional considera as criptomoedas não como moedas,[214] mas como bens intangíveis que compõem o patrimônio de pessoas, físicas ou jurídicas, portanto, sujeitos à tributação do Imposto sobre a renda e ao cumprimento de deveres instrumentais de informar à Receita Federal sobre operações com esses ativos.

Esses ativos podem ser, financeiros ou não, o meio de pagamento, ou de troca, em operações de ambientes digitais e podem corresponder a uma moeda ou uma *commodity*, criptografada e negociada via *blockchain*, correspondente a uma ou várias plataformas digitais.

A Receita Federal fala de ganho de capital[215] sobre criptoativos. O que se tributa, portanto, é sempre o acréscimo patrimonial, não a atividade em si; por esse motivo, cabe um paralelo com a tributação das criptomoedas, única realidade abarcada pela legislação pátria.

---

214. "Art. 5º. Para fins do disposto nesta Instrução Normativa, considera-se:
I - criptoativo: A representação digital de valor denominada em sua própria unidade de conta, cujo preço pode ser expresso em moeda soberana local ou estrangeira, transacionado eletronicamente com a utilização de criptografia e de tecnologias de registros distribuídos, que pode ser utilizado como forma de investimento, instrumento de transferência de valores ou acesso a serviços, e que não constitui moeda de curso legal" (BRASIL. Receita Federal. Instrução Normativa nº 1.888, de 03 de maio de 2019. Institui e disciplina a obrigatoriedade de prestação de informações relativas às operações realizadas com criptoativos à Secretaria Especial da Receita Federal do Brasil (RFB). *Diário Oficial da União*, seção 1, seção 1, p. 14, 07 maio 2019).

215. BRASIL. Receita Federal. Coordenação-Geral de Tributação. Solução de Consulta nº 214, de 20 de dezembro de 2021. Imposto sobre a Renda de Pessoa Física – IRPF. *Diário Oficial da União*, seção 1, p. 238, 23 dez. 2021.

Com a determinação de que a criptomoeda seja um ativo e não um tipo de moeda propriamente dito, muito embora se defenda uma tributação de fronteira não há por exemplo, que se falar em IOF câmbio como muitos defendem. Sua materialidade é restrita a operações entre moedas, não entre moedas e bens.[216]

Outro ponto que merece destaque é sobre o NFT. A economia do Metaverso se baseia em NFT, pois ele representa os espaços, estruturas e os meios de construção de novos NFTs, mas o mais relevante para o presente: ele é um criptoativo não uma criptomoeda. Muito embora para a RFB ambos sejam tratados como sinônimos, somente o segundo é meio de pagamento, o primeiro é considerado um bem intangível.

Um controle de legalidade mais efetivo, a exemplo do que se experiencia com a discutida Reforma Tributária Brasileira, é aquela exercida no processo legislativo. Há muito que se pode evitar enquanto as normas ainda não forem criadas. Isso porque já há um ordenamento vigente, com suas benesses e vicissitudes, que pode servir de parâmetro para as mudanças.

Frise-se, entretanto, que não há sobre o tema nenhuma regulação por instrumento normativo primário, somente *portarias* e *consultas* e essas normas têm função específica de dar operacionalidade, e não de inovar. Não atendem aos requisitos de inovação, de modo que ainda fica a dúvida sobre o atendimento do princípio da estrita legalidade tributária.

---

216. Art. 63. O imposto, de competência da União, sobre operações de crédito, câmbio e seguro, e sobre operações relativas a títulos e valores mobiliários tem como fato gerador:
II - quanto às operações de câmbio, a sua efetivação pela entrega de moeda nacional ou estrangeira, ou de documento que a represente, ou sua colocação à disposição do interessado em montante equivalente à moeda estrangeira ou nacional entregue ou posta à disposição por este;

6.2.3 Tipos tributários e o Metaverso

Quando se fala em classificação dos tributos, pode-se partir dos tipos tributários, considerando impostos, taxas e contribuições de melhoria – adotando-se a teoria tripartite – ou especificar por sujeito competente, sendo também possível separar em três categorias: federal, estadual e municipal (exercendo DF ora como estadual, ora como municipal).

Essas classificações se justificam pelo uso, no caso dos tipos tributários, para entender o regime jurídico que se aplica: *impostos*, manifestação pura de riqueza, que não envolva nenhuma atividade estatal justificando a sua cobrança; *taxas*: prestação de serviço público, específico e divisível, ou sua colocação à disposição dos particulares; *contribuição de melhoria*: a parcela paga pelos proprietários de imóveis valorizados em decorrência de obra pública.

Com a construção tecnológica que se tem atualmente já é possível afastar dois, dos três tipos tributários, de incidir sobre realidades do Metaverso.[217] Não há a presença do Estado. Em consequência disso, não há exigência de expedições de alvarás, pedágios, emissão de documentos públicos que autorizem a instituição e cobrança de taxas; bem como, face à ausência de espaços públicos dentro do Metaverso, já que, desde as ruas até o céu, tudo é de propriedade privada, de modo que nada pertence ao Estado, nenhuma obra será pública, portanto, não se pode localizar qualquer atividade que corresponda à hipótese de incidência desse tributo.[218]

---

217. "Toda tradução é um aniquilamento" (FLUSSER, Vilém. *Língua e Realidade*. 3. ed. São Paulo: Annablume, 2007, p. 58).

218. "Não é porque se calou que se consentiu, se assim se deu, foi em função de jurídico que apontou o silêncio como ato de fala apto para produzir os determinados efeitos. Nem será porque algo é feito reiteradamente pela Administração que estará juridicamente estabelecido o costume fiscal: é preciso que seja produzido enunciado que, documentando a prática, impute a ela relevância jurídica. Só assim, aprisionados os acontecimentos na forma de uma linguagem produzida pelos sujeitos

> [...] especialistas ainda divergem sobre a questão de o metaverso necessitar – ou não – de regimes jurídicos e princípios próprios para essa nova "realidade virtual", ou se as regras e princípios hoje contidos nos ordenamentos jurídicos da "vida real" serão suficientes para tratar das relações digitais, uma vez que regulamentados.[219]

Mais que isso: muito embora se trate o Direito como uma linguagem de sobrenível sobre a realidade social, não há sobre ela um silogismo, conforme bem explica Lourival Vilanova;[220] há que se ter um ato de fala formal que promova a incidência normativa. O mesmo ocorre com a regulamentação de novas situações: é preciso ato criativo jurídico para alcançar essas novas atividades.

É importante dizer ser improvável a divisão de responsabilidade ou de atuação territorial do Metaverso; desse modo, independentemente de se o *Metaverso* reproduz a planta de um município, atribuindo-lhe inclusive o mesmo nome, não há que se falar que essa criação passe a integrar o território real. A busca pela essência das relações, o que elas efetivamente representam, se mostra ferramenta muito mais adequada que a mera repetição.

Diante disso, muito embora se fale em propriedade de terrenos, de construção de espaços comerciais – sujeitos na realidade social material ao IPTU e ISS, respectivamente, ou à venda de roupas e bolsas, ou mesmo a doações de ativos digitais, sujeitos ao ICMS ou ao ITCMD, não há qualquer vinculação dessas atividades com as pessoas políticas

---

competentes, haverá silêncio ou costume enquanto normas". (BRITTO, Lucas Galvão. *O Lugar e o Tributo*. São Paulo: Noeses, 2014, p. 42).

219. PEROBA, Luiz Roberto; CORRÊA, Bruno Lorette. Os desafios na tributação do metaverso. *Jota*. São Paulo, 25 jan. 2022. Disponível em: https://www.jota.info/opiniao-e-analise/artigos/os-desafios-na-tributacao-do-metaverso-25012022. Acesso em: 16 jul. 2022.

220. VILANOVA, Lourival. *Causalidade e Relação no Direito*. 4. ed., rev., atual. e ampl. São Paulo: Revista dos Tribunais, 2000, *passim*.

Municípios e Estados, que têm competência para regular tais condutas. Assim, já se pode eliminar também essas duas esferas de competência a serem exercidas sobre o Metaverso. Restam, portanto, impostos de ordem federal; mas isso é possível? Conforme o caminho tomado nesta obra, somente se vislumbra a possibilidade de tributar a fronteira do Metaverso, o espaço (ou instante) em que se localiza a entrada/saída dos valores transformados em criptoativos, e essa realidade somente pode ser alcançada pelo IR. Há propostas de CIDEs também específicas, mas nenhuma delas apta a ingressar no ambiente do Metaverso; todas tomam como critério o faturamento obtido em moeda, como acréscimo patrimonial.

Ainda em construção, o ambiente do Metaverso reúne, nas expectativas tributárias, preocupações, e cada sistema, com suas peculiaridades, busca regular de formas compatíveis com sistemas vigentes. EUA e União Europeia têm aplicado, nesses ambientes, a mesma tributação que incide sobre as realidades físicas. Talvez pela simplicidade de seus sistemas a iniciativa se mostre mais palpável: toda manifestação de riqueza implica tributação. No Brasil, como visto, o cenário é bem mais complexo. Muito embora haja previsão legal para a tributação das criptomoedas – que aqui sequer são enquadradas como moedas, mas como ativos –, ainda não há nenhuma previsão legal para a tributação de negócios inseridos em ambientes do Metaverso.

SÍNTESE CONCLUSIVA

1. A sociedade está em processo de mudança, com a transição do físico para o virtual.

Assim, o que se buscou fazer nos capítulos iniciais foi estabelecer o que são, como se relacionam e o modo como se constroem conceitos, a partir do Constructivismo Lógico-Semântico, para, então, destrinchar alguns desses conceitos, que já são utilizados pela realidade social na qual se baseia o Direito.

Isso porque as questões oriundas do desenvolvimento tecnológico utilizado na construção de uma nova sociedade, a exemplo da evolução dos conceitos de sociedade, Estado e sujeito, se apresentam como tema central da obra. E, para saber sobre esse avanço do conceito de *sociedade* no ambiente do Metaverso, há que se compreender, inicialmente, o que é sociedade.

Contudo, tratando do Direito que incide sobre inovações tecnológicas, esta pesquisa é tomada como uma análise da transição causada por esses avanços, a partir do jogo de linguagem posto aqui e agora, sem olvidar, nem mesmo desconsiderar as mudanças iminentes de todo o contexto; e é exatamente esse ponto que justifica a preocupação sobre a temática dos conceitos, pois há uma evolução contínua, percebida de forma mais rápida nos últimos tempos e não uma desconsideração de todo o processo de mudança.

Reconhecer a evolução cultural ao longo do tempo, da tecnologia, dos indivíduos e, por conseguinte, da própria sociedade, se mostra fundamental para compreender o ponto em que se encontram os conceitos, bem como de poder aferir, por meio dos processos de produção, a regularidade deles.

2. É papel do Direito a construção de conceitos jurídicos.

O Direito persegue a realidade e, ao agir dessa forma, não pode impedir avanços da sociedade; precisa se comportar de forma a estimular ou no mínimo permitir que a criatividade do porvir, correspondendo de forma adequada aos desafios e mudanças da sociedade, reflita a situação social, econômica, cultural e política de um determinado contexto, buscando adequar-se às novas necessidades e valores da sociedade. É papel do Direito a construção de instrumentos jurídicos inovadores e o aprimoramento do jogo jurídico para responder a questões emergentes, a começar sobre quem será o sujeito nesses ambientes.

3. O Metaverso representa manifestações de riqueza que podem e devem ser tributadas.

Não há como determinar quais novas realidades serão criadas a partir do Metaverso, se o ambiente se limitará a ser uma reprodução da vida comum ou se chegará a uma criação, que hoje representa pura ficção científica. De toda forma, não cabe ao Estado a futurologia, mas a regulamentação daquilo que já está criado e que impacta diretamente na vida dos seres que coabitam um determinado espaço.

Culturalmente, o território determina a abrangência de um Estado, o local onde se dá sua soberania, e os sujeitos que se submetem a esse Estado são aqueles que têm com ele uma relação de pertinência, seus cidadãos. Por esse motivo, muito embora esses sujeitos possam realizar atividades para além do Estado ao qual pertencem, as relações precisarão ser submetidas àquela regulamentação, assim como os conceitos de público e privado podem estar sofrendo alteração com a *blockchain*.

Há uma projeção do físico para o virtual que não se equivale em todos os seus aspectos (assim como qualquer representação, ela sempre será parcial). Uma garrafa de água vendida no Metaverso pode ser considerada um bem, mas por ser intangível não se propõe à finalidade de matar a sede, desse modo, muito embora a experiência da legislação atual seja base para a construção do arcabouço normativo do porvir, não pode haver simplesmente uma sobreposição de situações, mas a construção de conceitos que representem essas novas demandas.

Nessa linha de raciocínio, o Metaverso representa um espaço virtual multifacetado e em constante expansão, capaz de abrigar ampla gama de atividades econômicas, desde a criação e venda de ativos digitais até a realização de negócios, interações sociais e entretenimento.

O Metaverso não é apenas um fenômeno tecnológico em ascensão, mas também um ambiente onde a riqueza é gerada e acumulada. E, considerando não estar sujeito às mesmas estruturas do mundo físico, regulações transnacionais se mostram fundamentais para evitar disparidades na tributação, de modo que esse tema deva ser cuidadosamente considerado e implementado.

É complexo falar de Metaverso, mas há outros conceitos como criptoativos e economia *blockchain* que seguirão juntos carregando o campo de inovação tecnológica com impacto social, econômico e jurídico e, por esse motivo, há aqui uma obra de transição, talvez um ponto de partida para novas pesquisas.

REFERÊNCIAS

ACCENTURE. Meet Me in the Metaverse: The continuum of technology and experience, reshaping business. *Tech Vision*. São Paulo, 2022. Disponível em: https://www.accenture.com/content/dam/accenture/final/a-com-migration/thought-leadership-assets/accenture-meet-me-in-the-metaverse-full-report.pdf#zoom=40. Acesso em: 12 jun. 2023.

ADEGEET, Don-Alvin. A digital Gucci bag sold for more than its 'real' value. *Fashion United*. Amsterdam, 26 maio 2021. Disponível em: https://fashionunited.com/news/fashion/a-digital-gucci-bag-sold-for-more-than-its-real-value/2021052640142. Acesso em: 15 jun. 2023.

ANAND, Jeffrey. Virtual Economics Virtually Unregulated: how clear taxpayer guidance can mitigate tax compliance risks. *Hofstra Law Review*, New York, v. 43, n. 1, p. 253-290, jan. 2014. Disponível em: https://scholarlycommons.law.hofstra.edu/cgi/viewcontent.cgi?article=2822&context=hlr. Acesso em: 8 jun. 2023.

ARAS, Antônio Augusto Brandão de. Parecer AJCONST/PGR nº 449807/2023. *In:* BRASIL. Ministério Público Federal. Procuradoria-Geral da República. Arguição de Descumprimento de Preceito Fundamental nº 779. Relator: Ministro Dias Toffoli. Brasília, 11 maio 2023.

ARAÚJO, Clarice von Oertzen de. Ontologia e Semiótica Legal: o Direito como objeto complexo. *In:* GOMES, Daniel de Paiva; GOMES, Eduardo de Paiva; CONRADO, Paulo Cesar (coord.). *Criptoativos, tokenização, blockchain e metaverso:* aspectos filosóficos, tecnológicos, jurídicos e econômicos. São Paulo: Revista dos Tribunais, 2022. p. 81-120.

ARAUJO, Clarice Von Oertzen de. *Semiótica do Direito*. São Paulo: Quartier Latin, 2005.

BARANIUK, Chris. China's Xinhua agency unveils AI news presenter. *BBC News*. London, 08 Nov. 2018. Disponível em: https://www.bbc. com/news/technology-46136504. Acesso em: 23 jun. 2023.

BARLOW, John Perry. A Declaration of the Independence of Cyberspace. *Eletronic Frontier Foundation*. Davos, 08 fev. 1996. Disponível em: https://www.eff.org/pt-br/cyberspace-independence. Acesso em: 22 jun. 2022.

BARRETO, Paulo Ayres. Tributos. *In:* CARVALHO, Paulo de Barros; VIEIRA, Maria Leonor Leite; LINS, Robson Maia. *Direito Tributário* – Enciclopédia Jurídica da PUCSP. São Paulo: PUC, maio 2019. Disponível em: https://enciclopediajuridica.pucsp.br/verbete/276/edicao-1/tributos. Acesso em: 23 abr. 2023.

BARROS, José D'Assunção. *Os conceitos:* seus usos nas ciências humanas. Petrópolis: Vozes, 2016.

BARRY, Jordan M.; CARON, Paul L. Tax Regulation, Transportation Innovation, and the Sharing Economy. *University of Chicago Law Review Dialogue*, Chicago, v. 82, p. 69-84, 2015.

BIANCHI, André. Compras no Metaverso Walmart - Experiência de Compra no Metaverso o que é, como é? YouTube, 07 jan. 2022. 1 vídeo (5min 39seg). Disponível em: https://www.youtube.com/watch?v=QXopT-jqtmU&ab_channel=CanalAndr%C3%A9Bianchi. Acesso em: 22 abr. 2023.

BÍBLIA SAGRADA. Tradução de João Ferreira de Almeida. *Evangelho de João*. Ed. ver. e atual. São Paulo: SBB, 1989.

BLUMENBERG, Hans. *Teoria da não conceitualidade*. Tradução de Luiz Costa Lima. Belo Horizonte: UFMG, 2013.

BRASIL. Câmara dos Deputados. Projeto de Lei nº 2.358, de 2020. Institui a Contribuição de Intervenção no Domínio Econômico incidente sobre a receita bruta de serviços digitais prestados pelas grandes empresas de tecnologia (CIDE-Digital). Brasília, 2020. Disponível em: https://www.camara.leg.br/propostas-legislativas/2251395. Acesso em: 18 jul. 2023.

BRASIL. Ministério da Fazenda. Secretaria da Receita Federal. Imposto sobre a Renda – Pessoa Física – perguntas e respostas. Exercício de 2022. Ano-calendário de 2021. Brasília, 2022. Disponível em: https://www.gov.br/receitafederal/pt-br/centrais-de-conteudo/publicacoes/perguntas-e-respostas/dirpf/pr-irpf-2022.pdf/view. Acesso em: 26 jul. 2022.

BRASIL. Ministério Público Federal. Procuradoria-Geral da República. Arguição de Descumprimento de Preceito Fundamental nº 779. Relator: Ministro Dias Toffoli. Brasília, 11 maio 2023.

BRASIL. Presidência da República. Constituição da República Federativa do Brasil de 1988. *Diário Oficial da União,* seção 1, p. 1, 05 out. 1988.

BRASIL. Presidência da República. Decreto-Lei n. 2.848, de 7 de dezembro de 1940. Código Penal. *Diário Oficial da União,* seção 1, p. 23911, 31 dez. 1940.

BRASIL. Presidência da República. Decreto-Lei nº 4.657, de 4 de setembro de 1942. Lei de Introdução às normas do Direito Brasileiro. *Diário Oficial da União,* seção 1, 09 set. 1942, p. 1.

BRASIL. Presidência da República. Lei nº 5.172, de 25 de outubro de 1966. Código Tributário Nacional. Dispõe sobre o Sistema Tributário Nacional e institui normas gerais de direito tributário aplicáveis à União, Estados e Municípios. *Diário Oficial da União,* seção 1, p. 12452, 27 out. 1966.

BRASIL. Presidência da República. Lei nº 9.472, de 16 de julho de 1997. Dispõe sobre a organização dos serviços de telecomunicações, a criação e funcionamento de um órgão regulador e outros aspectos institucionais, nos termos da Emenda Constitucional nº 8, de 1995. *Diário Oficial da União*, seção 1, p. 15081, 17 jul. 1997. Disponível em: https://www.planalto.gov.br/ccivil_03/leis/l9472.htm. Acesso em: 23 jul. 2022.

BRASIL. Presidência da República. Lei nº 9.609, de 19 de fevereiro de 1998. Dispõe sobre a proteção da propriedade intelectual de programa de computador, sua comercialização no País, e dá outras providências. *Diário Oficial da União*, seção 1, p. 1, 20 fev. 1998. Disponível em: https://www.planalto.gov.br/ccivil_03/leis/l9609.htm. Acesso em 16 jul. 2022.

BRASIL. Presidência da República. Lei nº 10.406, de 10 de janeiro de 2002. Institui o Código Civil. *Diário Oficial da União*, seção 1, p. 1, 11 jan. 2002.

BRASIL. Presidência da República. Lei nº 13.874, de 20 de setembro de 2019. Institui a Declaração de Direitos de Liberdade Econômica; estabelece garantias de livre mercado; altera as Leis nºs 10.406, de 10 de janeiro de 2002 (Código Civil), 6.404, de 15 de dezembro de 1976, 11.598, de 3 de dezembro de 2007, 12.682, de 9 de julho de 2012, 6.015, de 31 de dezembro de 1973, 10.522, de 19 de julho de 2002, 8.934, de 18 de novembro 1994, o Decreto-Lei nº 9.760, de 5 de setembro de 1946 e a Consolidação das Leis do Trabalho, aprovada pelo Decreto-Lei nº 5.452, de 1º de maio de 1943; revoga a Lei Delegada nº 4, de 26 de setembro de 1962, a Lei nº 11.887, de 24 de dezembro de 2008, e dispositivos do Decreto-Lei nº 73, de 21 de novembro de 1966; e dá outras providências. *Diário Oficial da União*, seção 1, p. 1, 20 set. 2019.

BRASIL. Receita Federal. Coordenação-Geral de Tributação. Solução de Consulta nº 214, de 20 de dezembro de 2021. Imposto sobre a Renda de Pessoa Física – IRPF. *Diário Oficial da União*, seção 1, p. 238, 23 dez. 2021.

BRASIL. Receita Federal. Instrução Normativa nº 1.888, de 03 de maio de 2019. Institui e disciplina a obrigatoriedade de prestação de informações relativas às operações realizadas com criptoativos à Secretaria Especial da Receita Federal do Brasil (RFB). *Diário Oficial da União*, seção 1, seção 1, p. 14, 07 maio 2019.

BRASIL. Superior Tribunal de Justiça. Recurso Especial nº 1.389.418/PB. Relator: Ministro Og Fernandes. Julgamento: 05 jun. 2017. Órgão Julgador: Decisão Monocrática. Publicação: 07 jun. 2017.

BRASIL. Supremo Tribunal Federal. Medida Cautelar na Ação Direta de Inconstitucionalidade nº 1.945/MT. Relator: Ministra Cármen Lúcia. Julgamento: 26 maio 2010. Órgão Julgador: Tribunal Pleno. Publicação: DJe, 04 jun. 2010.

BRASIL. Supremo Tribunal Federal. Recurso Extraordinário nº 688.223/PR. Relator: Ministro Dias Toffoli. Julgamento: 06 dez. 2021. Órgão Julgador: Tribunal Pleno. Publicação: DJe, 03 mar. 2022.

BRETERNITZ, Vivaldo José. China usa inteligência artificial na luta contra a Covid-19. Medicina S/A. São Paulo, 27 jul. 2020. Disponível em: https://medicinasa.com.br/china-ia-covid/. Acesso em: 23 jun. 2023.

BRIGAGÃO, Gustavo. Projeto Base Erosion and Profit Shifting (BEPS) e os desafios da tributação eletrônica internacional. *In:* TEIXEIRA, Alexandre Alkmim (coord.). *Plano BEPS*. Belo Horizonte: Fórum, 2019. p. 213-228.

BRITTO, Lucas Galvão. *O Lugar e o Tributo*. São Paulo: Noeses, 2014.

CAMARA, Maria Helena Ferreira da. Reflexões sobre o conceito de pessoa jurídica em Kelsen. *Revista de Informação Legislativa*, Brasília, ano 22, n. 86, p. 349-360, abr./jun. 1985. Disponível em: https://www2.senado.leg.br/bdsf/bitstream/handle/id/181643/000419707.pdf?sequence=3&isAllowed=y. Acesso em: 28 maio 2023.

CARDOSO, Suzana Guedes. A usabilidade do metaverso: contribuições para as interações humanas e para as interações dos sujeitos com conteúdos e atividades educacionais. *In:* CONGRESSO INTERNACIONAL DE DESIGN DA INFORMAÇÃO – CIDI, 7., 2-5 set. 2015, Brasília. Anais [...]. Brasília: CIDI, 2015. p. 809-818. Disponível em: http://pdf.blucher.com.br.s3-sa-east-1.amazonaws.com/designproceedings/cidi2015/cidi_228.pdf. Acesso em: 23 maio 2023.

CARRAZZA, Roque Antonio. *Curso de Direito Constitucional Tributário*. 24. ed., rev., ampl. e atual. até a Emenda Constitucional n. 56/2007. São Paulo: Malheiros, 2008.

CARVALHO, Paulo de Barros. *Curso de Direito Tributário*. 33. ed. São Paulo: Noeses, 2023.

CARVALHO, Paulo de Barros. *Direito Tributário:* Fundamentos Jurídicos da Incidência. 11. ed. São Paulo: Noeses, 2021.

CARVALHO, Paulo de Barros. *Direito Tributário:* linguagem e método. 7. ed. São Paulo: Noeses, 2018.

CARVALHO, Paulo de Barros. *Grupo de Estudos* – Constructivismo Lógico Semântico. São Paulo, 07 mar. 2023.

CASTELLO BRANCO, Lucia. *A tarefa do tradutor, de Walter Benjamin:* quatro traduções para o português. Tradução de Fernando Camacho. Belo Horizonte: Fale; UFMG. 2008.

CHAUÍ, Marilena. *Introdução à história da filosofia*: dos pré-socráticos a Aristóteles. v. 1, 2. ed., ampl. São Paulo: Companhia das Letras, 2002.

CNN BRASIL. Amazon, Apple, Facebook e Google "ignoram" pandemia e lucram mais. São Paulo, 30 jul. 2020. Disponível em: https://www.cnnbrasil.com.br/business/2020/07/30/amazon-apple-facebook-e-google-ignoram-pandemia-e-lucram-mais. Acesso em: 15 jun. 2023.

CONRADO, Paulo César. Evolução tecnológica: onde ocorre a mudança de paradigma? *In:* GOMES, Daniel de Paiva; GOMES, Eduardo de Paiva; CONRADO, Paulo Cesar (coord.). *Criptoativos, tokenização, blockchain e metaverso:* aspectos filosóficos, tecnológicos, jurídicos e econômicos. São Paulo: Thomson Reuters Brasil, 2022. p. 63-72.

CRIST, Ry. Amazon Sidewalk will create entire smart neighborhoods. Here's what you should know. CNET. San Francisco-CA, 08 June 2021. Disponível em: https://www.cnet.com/home/smart-home/amazon-sidewalk-will-create-entire-smart-neighborhoods-faq-ble-900-mhz/. Acesso em: 23 jun. 2023.

D'MACÊDO, Juliana Maria. Pragmatismo Jurídico no Supremo Tribunal Federal. *Revista Direito e Humanidades.* São Caetano do Sul, n. 25, p. 1-5, 2013.

DELEUZE, Gilles; GUATTARI, Félix. *O que é a Filosofia?* Tradução de Bento Prado Jr. e Alberto Alonso Muñoz. 3. ed. São Paulo: Editora 34, 2010.

DICIONÁRIO HOUAISS DA LÍNGUA PORTUGUESA. UOL. São Paulo, 2022. Disponível em: https://houaiss.uol.com.br/. Acesso em: 27 jun. 2023.

EISENBERG, José; POGREBINSCHI, Thamy. Pragmatismo, direito e política. *Novos Estudos*, São Paulo, n. 62, p. 107-121, mar. 2002.

FANTÁSTICO. Fantástico acompanha simulação de cirurgia no metaverso em hospital de SP; entenda como funciona. G1. São Paulo, 02 ago. 2022. Disponível em: https://g1.globo.com/fantastico/noticia/2022/08/02/

fantastico-acompanha-simulacao-de-cirurgia-no-metaverso-em-hospital-de-sp-entenda-como-funciona.ghtml. Acesso em: 22 abr. 2023.

FAVACHO, Fernando Gomes. Definição do Conceito de Tributo. 2010. Dissertação (Mestrado em Direito Tributário) – Pontifícia Universidade Católica de São Paulo, São Paulo, 2010. Disponível em: http://www.dominiopublico.gov.br/download/teste/arqs/cp134830.pdf. Acesso em: 17 abr. 2023.

FIORIN, José Luiz. *Linguagem e Ideologia.* 6. ed. São Paulo: Ática, 1998.

FLORÊNCIO. Juliana Abrusio. *Proteção de Dados na Cultura do Algoritmo.* 2019. Doutorado (Doutorado em Direito) – Pontifícia Universidade Católica de São Paulo. São Paulo, 2019. Disponível em: https://sapientia.pucsp.br/bitstream/handle/22255/2/Juliana%20Abrusio%20Flor%C3%AAncio.pdf. Acesso em: 07 jun. 2023.

FLUSSER, Vilém. *Comunicologia.* Reflexões sobre o futuro. São Paulo: Martins Fontes, 2015.

FLUSSER, Vilém. *Língua e Realidade.* 3. ed. São Paulo: Annablume, 2007.

FLUSSER, Vilém. Teoria da tradução como teoria do conhecimento. *Revista Brasileira de Filosofia*, São Paulo, v. 13, n. 49, p. 404-410, set. 1963.

GAMA, Tácio Lacerda. *Competência Tributária:* fundamentos para uma teoria da nulidade. São Paulo: Noeses, 2009.

GIRARD, René. *Shakespeare:* teatro da inveja. São Paulo: É Realizações, 2010.

GRAU, Eros. Voto. *In:* BRASIL. Supremo Tribunal Federal. Recurso Extraordinário n. 390.840/MG. Relator: Ministro Marco Aurélio. Julgamento: 09 maio 2005. Órgão Julgador: Tribunal Pleno. Publicação: DJ, 25 maio 2005.

GREGERSEN, Erik. Metaverse. *Encyclopaedia Britannica*. Chicago, IL, 06 jun. 2023.

HARDY-VALLÉE, Benoit. *Que é um Conceito?* Tradução de Marcos Bagno. São Paulo: Parábola, 2013.

HART, Herbert Lionel Adolphus. *O conceito de direito*. Tradução de Antonio de Oliveira Sette-Câmara. São Paulo: Martins Fontes, 2009.

INFOMONEY. O que são terrenos no metaverso (e como comprar)? São Paulo, 11 nov. 2022. Disponível em: https://www.infomoney.com.br/guias/terrenos-no-metaverso. Acesso em: 20 jun. 2023.

INTERBRAND. Best Global Brands 2019 Rankings. New York, 2020. Disponível em: https://www.interbrand.com/best-brands/best-global-brands/2019/ranking/. Acesso em: 20 jun. 2023.

KIM, Young Ran (Christine). Taxing the Metaverse. 112 Georgetown Law Journal (forthcoming 2024). Disponível em: https://papers.ssrn.com/sol3/papers.cfm?abstract_id=4549974. Acesso em 31 de outubro de 2023.

JORNAL NACIONAL. Chimpanzé argentina ganha habeas corpus e vai para santuário no Brasil. G1. São Paulo, 05 abr. 2017. Disponível em: https://g1.globo.com/jornal-nacional/noticia/2017/04/chimpanze-argentina-ganha-habeas-corpus-e-vai-para-santuario-no-brasil.html. Acesso em: 28 maio 2023.

LAI, Linette. S'pore's Covid-19 circuit breaker measures have shown promise, could be further eased on June 1. The Straits Times. Singapore, 20 May 2020. Disponível em: https://www.straitstimes.com/singapore/circuit-breaker-measures-have-shown-promise-could-be-further-eased-on-june-1. Acesso em: 13 maio 2020.

LAI, Sean Han Sheng; TANG, Camelia Qian Ying; KURUP, Asok; THEVENDRAN, Gowreeson. The experience of contact tracing in Singapore in the control of COVID-19: highlighting the use of digital technology. International Orthopaedics, London, v. 45, n. 1, p. 65–69, 2020. Disponível em https://www.ncbi.nlm.nih.gov/pmc/articles/PMC7666400/#CR28. Acesso em: 24 jun. 2023.

LATERE REPRESENTANTE NEWARK. Maiores Contribuições da IoT para COVID-19 e Saúde. São Paulo, 11 fev. 2022. Disponível em: https://embarcados.com.br/iot-para-covid-19-e-saude/. Acesso em: 16 jun. 2023.

LÉVY, Pierre. *Cibercultura.* 3. ed. São Paulo: Editora 34, 2010.

LORD, Carla. BlockApps Launches Agribusiness Blockchain Network 'TraceHarvest' Following Success with Bayer. *Bayer Global.* New York; Saint Louis, 18 Nov. 2020. Disponível em: https://www.bayer.com/media/en-us/blockapps-launches-agribusiness-blockchain-network-traceharvest-following-success-with-bayer/. Acesso em: 23 jun. 2023.

MARINHO, André. OCDE adia para 2024 acordo de tributo global de gigantes de tecnologia. *Estadão.* São Paulo, 11 jul. 2022.

MARQUES NETO, Floriano de Azevedo; FREITAS, Rafael Véras de. Uber, Whatsapp, Netflix - Quando o mercado e a tecnologia desafiam a doutrina. *Jota.* São Paulo, 26 jan. 2016. Disponível em: https://www.jota.info/opiniao-e-analise/artigos/uber-whatsapp-netflix-quando-o-mercado-e-a-tecnologia-desafiam-a-doutrina-26012016. Acesso em: 16 jul. 2022.

MEIRA, Silvio. Definindo o Metaverso. Disponível em: https://silvio.meira.com/definindo-o-metaverso/. Acesso em: 26 de outubro de 2023.

MEIRA, Silvio. O Metaverso, Discado [4]. Disponível em: https://silvio.meira.com/o-metaverso-discado-4/. Acesso em: 31 de outubro de 2023.

MEIRA, Silvio. O Metaverso, Discado [3]. Disponível em: https://silvio.meira.com/o-metaverso-discado-3/. Acesso em: 31 de outubro de 2023.

MEIRA, Silvio. O Metaverso, Discado [2]. Disponível em: https://silvio.meira.com/o-metaverso-discado-2/. Acesso em: 31 de outubro de 2023.

MEIRA, Silvio. O Metaverso, Discado [1]. Disponível em: https://silvio.meira.com/o-metaverso-discado-1/. Acesso em: 31 de outubro de 2023.

MEIRA, Silvio. *Fundações para os futuros figitais.* Recife: TDS, 2021.

MOREIRA, Matheus. MPF dá 15 dias para empresa explicar venda de NFTs de áreas da Amazônia. *Folha de S.Paulo.* São Paulo, 26 jul. 2022. Acesso em: https://www1.folha.uol.com.br/ambiente/2022/07/mpf-da-15-dias-para-empresa-explicar-venda-de-nfts-de-areas-da-amazonia.shtml.

MORRIS, Charles. *Fundamentos da Teoria dos Signos.* Tradução de António Fidalgo. São Paulo: Edusp, 1976. Disponível em: https://edisciplinas.usp.br/pluginfile.php/4904582/mod_resource/content/1/ Teoria%20dos%20Signos.pdf. Acesso em: 10 abr. 2023.

NEVES, Marcelo. *Transconstitucionalismo.* São Paulo: Martins Fontes, 2009.

NIEHUS, Rene; DE SALAZAR, Pablo M.; TAYLOR, Aimee R.; LIPSITCH, Marc. Estimating underdetection of internationally imported COVID-19 cases. *Wellcome Open Research*, London, v. 5, p. 143-154, 2020. Disponível em: https://www.medrxiv.org/content/10.1101/2020.02.13.20022707v1.full.pdf. Acesso em: 24 jun. 2023.

NIETZSCHE, Friedrich. *Humano, demasiado humano: um livro para espíritos livres.* São Paulo: Companhia das Letras, 2000

NOBRE, Paty Moraes. Faculdade brasileira lança a 1ª graduação do mundo com aulas no metaverso. *Istoé*. São Paulo, 08 ago. 2022. Disponível em: https://istoe.com.br/faculdade-brasileira-lanca-a-1a-graduacao-do-mundo-com-aulas-no-metaverso/. Acesso em: 24 jun. 2023.

NOGUEIRA, Rubem. *Curso de introdução ao estudo do Direito*. 4. ed. São Paulo: Noeses, 2007.

O'KEEFE, Brian; JONES, Marty. How Uber plays the tax shell game. *Fortune*. New York, 22 Oct. 2015. Disponível em: https://fortune.com/2015/10/22/uber-tax-shell/. Acesso em: 15 jun. 2023.

OCDE. L'Organisation de Coopération et de Développement Économiques. Science, technologie et innovation: Perspectives 2023. Paris, 2023. Disponível em: https://www.oecd.org/fr/sti/science-technologie-innovation-perspectives. Acesso em: 21 maio 2023.

OCEAN TOMO. Intangible Asset Market Value Study. Xangai, 2018. Disponível em: https://www.oceantomo.com/intangible-asset-market-value-study/. Acesso em: 20 jun. 2023.

OECD. Organisation for Economic Co-operation and Development. Addressing the Tax Challenges of the Digital Economy, Action 1 - 2015 Final Report. OECD/G20 Base Erosion and Profit Shifting Project. Paris: OECD, 2015. Disponível em: https://www.oecd-ilibrary.org/docserver/9789264241046-en.pdf?expires=1689426744&id=id&accname=guest&checksum=B5FF4204C3BFB4F7F15087AC7BDEE319. Acesso em: 20 jun. 2023.

OECD. Políticas para a transformação digital: Recomendações para uma abordagem integral do governo (whole-of-government). *In:* OECD. Organisation for Economic Co-operation and Development. O Caminho da Era Digital no Brasil. Paris: OECD Publishing, 2020. p. 233-245. Disponível em: https://www.oecd-ilibrary.org/sites/9a112bbe-pt/index.html?itemId=/content/component/9a112bbe-pt. Acesso em: 21 maio 2023.

OLIVEIRA, Manfredo Araújo de. *Reviravolta Linguístico Pragmática na Filosofia Contemporânea.* 3. ed. São Paulo: Loyola, 2006.

OLIVEIRA, Ricardo Mariz de. A indissolúvel relação entre o Código Civil e o Direito tributário. *In:* SOUZA, Arivaldo Santos de; SANTOS, Guilherme; MACHADO, Hugo de Brito; MARTINS, Ives Gandra da Silva. *Direito Tributário* – Estudos em Homenagem a Edvaldo Brito. São Paulo: Atlas, 2014. p. 600-613. Disponível em: https://www.marizadvogados.com.br/wp-content/uploads/2018/03/NArt.06-2014.pdf. Acesso em: 04 abr. 2023.

PACETE, Luiz Gustavo. Assim como a Nike, outras marcas de moda já miram o metaverso. *Forbes.* São Paulo, 04 nov. 2021. Disponível em: https://forbes.com.br/forbes-tech/2021/11/assim-como-a-nike-outras-marcas-ja-miram-o-metaverso/. Acesso em: 23 jun. 2023.

PADILHA, Maria Ângela Lopes Paulino. *Tributação de Software*. São Paulo: Noeses, 2020.

PENTEADO, José Roberto Whitaker. *A técnica da comunicação humana.* 13. reimpr. da 1. ed. de 1964. São Paulo: Pioneira Thomson Learning, 2001.

PEREIRA, Itamar de Carvalho. *Metaverso:* interação e comunicação em mundos virtuais. 2009. Dissertação (Mestrado em Comunicação) – Universidade de Brasília, Brasília, 2009. Disponível em: https://repositorio.unb.br/handle/10482/4863. Acesso em: 07 jun. 2023.

PEREIRA, Rodrigo. Sociedade da informação e construção do conhecimento: uma relação constituída em face das novas tecnologias de informação e comunicação e a Ciência da Informação. *Revista Conexão Ciência On-line,*

Formiga-MG, v. 4, n. 1, p. 75-84, 2009. Disponível em: https://doi.org/10.24862/cco.v4i1.74. Acesso em: 27 maio 2023.

PEROBA, Luiz Roberto; CORRÊA, Bruno Lorette. Os desafios na tributação do metaverso. *Jota*. São Paulo, 25 jan. 2022. Disponível em: https://www.jota.info/opiniao-e-analise/artigos/os-desafios-na-tributacao-do-metaverso-25012022. Acesso em: 16 jul. 2022.

PERUZZI, Alberto. *Definição*. Tradução de Jaqueline Engelmann. Rio de Janeiro: PUC; Loyola, 2018.

PIVA, Sílvia. A emergência da web 3, novos contextos e controvérsias da Ciência do Direito; uma abordagem tecnofilosófica. *In:* GOMES, Daniel de Paiva; GOMES, Eduardo de Paiva; CONRADO, Paulo Cesar (coord.). *Criptoativos, tokenização, blockchain e metaverso:* aspectos filosóficos, tecnológicos, jurídicos e econômicos. São Paulo: Thomson Reuters Brasil, 2022. p. 121-130.

PIVA, Silvia. Exploração metaverso: mapeando implicações jurídicas. Nau D'Dês. Campinas, 2023, p. 16. Disponível em: https://conteúdo.nauddes.com.br/agora-exploracao-metaverso. Acesso em: 23 maio 2023.

PIVA, Silvia. O Metaverso é para o Direito? Nau D'Dês. Campinas, 05 dez. 2022. Disponível em: https://www.nauddes.com.br/metaverso/o-metaverso-e-para-o-direito/. Acesso em: 05 jun. 2023.

PORTUGAL. Resolução da Assembleia da República nº 88/2009. Convenção sobre o Cibercrime. *Diário da República*, seção I, n. 179, 15 set. 2009. Disponível em: https://www.ministeriopublico.pt/instrumento/convencao-sobre-o-cibercrime-0. Acesso em: 27 jul. 2022.

POSNER, Richard. *Para além do direito*. Tradução de Evandro Ferreira e Silva. São Paulo: Martins Fontes, 2009.

REALE, Miguel. *Cinco temas do culturalismo*. São Paulo: Saraiva, 2021.

REALE, Miguel. *Teoria do Direito e do Estado*. 5. ed. São Paulo: Saraiva, 2003.

REUTERS. China revela plano para liderar inteligência artificial até 2025. *Revista Exame*. São Paulo, 20 jul. 2017. Disponível em: https://exame.com/tecnologia/china-revela-plano-para-liderar-inteligencia-artificial-ate-2025/. Acesso em: 23 jun. 2023.

RIBEIRO, Ana Cláudia Dias. *A Abordagem da Semântica em Gramáticas Normativas*. 2015. Dissertação (Mestrado em Letras) – Universidade Federal de Rondônia, Porto Velho, 2015.

RIBEIRO, Maria de Fátima. Crise Econômica e o Ajuste Fiscal nos Limites do Direito. *In:* QUEIROZ, Mary Elbe (coord.). *Tributação em foco:* a opinião de quem pensa, faz e aplica o direito tributário. v. 2. São Paulo: Focofiscal, 2015. p. 109-132.

RIFKIN, Jeremy. *A Era do Acesso:* A Transição para Networks e o Nascimento de uma Nova Economia. Tradução: Maria Lucia G. L. Rosa. São Paulo: Makron Books, 2001.

ROBLES, Gregorio. *As Regras do Direito e as Regras dos Jogos:* ensaio sobre a teoria analítica do direito. Tradução de Pollyana Mayer. São Paulo: Noeses, 2011.

ROSA, Paola Ferreira. Shows no metaverso podem ampliar o acesso a apresentações artísticas. *Folha de S.Paulo*. São Paulo, 07 jul. 2022. Disponível em: https://www1.folha.uol.com.br/seminariosfolha/2022/07/shows-no-metaverso-podem-ampliar-o-acesso-a-apresentacoes-artisticas.shtml. Acesso em: 23 jun. 2023.

SANTAELLA, Lúcia. *O metabolismo digital das humanidades*. Disponível em: https://publica.ciar.ufg.br/ebooks/invencoes/livros/9/capitulos/c01.html. Acesso em: 20 jun. 2023.

SILVA, Mariana Maria Felismino da. Carnaval brasileiro terá representação virtual no metaverso com desfiles e

NFTs. *Exame*. São Paulo, 2023. Disponível em: https://exame.com/future-of-money/carnaval-brasileiro-tera-representacao-virtual-no-metaverso-com-desfiles-e-nfts/. Acesso em: 23 jun. 2023.

SOUZA DE QUEIROZ, Luís Cesar. Prefácio. *In:* PEREIRA, Luciano de Almeida. *O* compliance *na administração tributária:* um instrumento de viabilização e maximização na captação do crédito tributário. Rio de Janeiro: GZ, 2023. p. IX-X.

SOUZA, Luiz Claudio Nogueira de. *Fundamentos para uma teoria hermenêutica do direito* pós *giro linguístico*. 2023. Dissertação (Mestrado em Direito) – Instituto Brasileiro de Estudos Tributários, São Paulo, 2023.

SZNIFER, Moyses Simão. Um novo conceito de pessoa idosa. Portal do Envelhecimento e Longeviver. São Paulo, 14 dez. 2018. Disponível em: https://www.portaldoenvelhecimento.com.br/um-novo-conceito-de-pessoa-idosa/. Acesso em: 17 abr. 2023.

TOMÉ, Fabiana Del Padre; FAVACHO, Fernando Gomes. O que significa pragmático para o Constructivismo Lógico-semântico: a tríade linguística 'sintático, semântico e pragmático' utilizada por Lourival Vilanova e Paulo de Barros Carvalho na Teoria do Direito. *Revista Quaestio Iuris*, v. 10, n. 1, p. 274-290, 2017. Disponível em: https://www.e-publicacoes.uerj.br/index.php/quaestioiuris/article/view/24642/19477. Acesso em: 17 abr. 2023.

TORRES, Heleno Taveira. Boa-fé e argumentação na interpretação das normas tributárias. *In:* SOUZA, Priscila de (coord.). *Congresso de Direito Tributário do IBET:* Direito Tributário e os Conceitos de Direito Privado. São Paulo: Noeses, 2010. p. 535-566.

UBER NEWSROOM. *Fatos e Dados sobre a Uber.* UBER: San Francisco, 27 ago. 2020. Disponível em: https://www.

uber.com/pt-BR/newsroom/fatos-e-dados-sobre-uber/. Acesso em: 15 jun. 2023.

UNIÃO EUROPEIA. Parlamento Europeu. Conselho Europeu. Regulamento nº 679, de 27 de abril de 2016. Regulamento Geral sobre a Proteção de Dados. Relativo à proteção das pessoas singulares no que diz respeito ao tratamento de dados pessoais e à livre circulação desses dados e que revoga a Diretiva 95/46/CE. *Jornal Oficial da União Europeia,* n. 119, p. 1-88, 04 maio 2016. Disponível em: https://commission.europa.eu/law/law-topic/data-protection/data-protection-eu_pt. Acesso em: 27 jul. 2022.

VILANOVA, Lourival. *Causalidade e Relação no Direito.* 4. ed., rev., atual. e ampl. São Paulo: Revista dos Tribunais, 2000.

WHO. World Health Organization. Coronavirus disease (COVID-19): Contact tracing. Genebra, 31 maio 2021. Disponível em https://www.who.int/news-room/questions-and-answers/item/coronavirus-disease-covid-19-contact-tracing. Acesso em: 16 jun. 2023.

ZUCMAN, Gabriel; WIER, Ludvig S.; TØRSLØV, Thomas R. The Missing Profits of Nations. National Bureau of Economic Research, Massachusetts, 2020. Disponível em: https://www.nber.org/papers/w24701.pdf. Acesso em: 15 jun. 2023.